# 文物修复与保护

卢文玉 李金乔 主编

北京日报出版社

图书在版编目（CIP）数据

文物修复与保护 / 卢文玉，李金乔主编. -- 北京：北京日报出版社，2021.1
ISBN 978-7-5477-3735-4

Ⅰ.①文… Ⅱ.①卢… ②李… Ⅲ.①文物修整－高等职业教育－教材 ②文物保护－高等职业教育－教材 Ⅳ.①G26

中国版本图书馆CIP数据核字(2020)第142279号

---

文物修复与保护　　　　　　　　　　　　　　卢文玉　李金乔　主编

出版发行：北京日报出版社
地　　址：北京市东城区东单三条8-16号东方广场东配楼四层
邮　　编：100005
电　　话：发行部：（010）65255876
　　　　　总编室：（010）65252135
印　　刷：济南普林达印务有限公司
经　　销：各地新华书店
版　　次：2021年1月第1版
　　　　　2021年5月第1次印刷
开　　本：880毫米×1230毫米　1/32
印　　张：6
字　　数：288千字
定　　价：48.00元

版权所有，侵权必究，未经许可，不得转载

# 序　言

　　这本试用教材，是基于我院文物修复与保护专业所开设课程的基础性读本，也是本专业教学大纲的具体体现。旨在为这个新兴专业规范一个路径，使教授者有所参考，学习者有所依据。

　　文物保护与修复，从理论到实践都是一项很有意义的事业。文物修复是伴随着文物的产生与流通而来的。瓷器、字画、古籍，这些易损易坏的历史遗物，在流传过程中更容易遭受破坏。由于历史上的天灾人祸，各种因素，无论是出土的还是民间流散的，都有可能是破碎残缺的，发了霉的，揭不开的。这时就需要能工巧匠把它们拾缀起来，粘合或裱装成最接近于原貌的形态，以便于更长久的保存、研究和鉴赏。

　　高等学校，尤其是职业性院校开设这种既有理论基础研究，也有大量实践活动空间、包括工匠式非遗传承手艺的再开发与利用，更是当今所应挖掘和大力弘扬的。那么，我们开设这个实践性很强的课程，为什么还要强调学习理论呢？显而易见，理论和实践是干成一个事业的两翼，缺一不可。没有理论和知识的积淀作为指导，在实践中就是盲目的，就不可能做的更好。而我们手上所拿捏的这些历史遗存的古物，少则几十年，多则上百年，甚至几百年上千年。这些遗物都有它产生的时代背景，选用材料，制作工艺和美学价值取向，也都无不蕴含着时代烙印。我们学理论知识，就是要学习、掌握它产生的时代背景，制作的工艺过程，不同地域的差异特征等。只有知己知彼，才能做到得心应手，化腐朽为神奇。千百年来，我们的先人为我们创造了璀璨夺目、不可胜举的文物瑰宝，可以说这都是匠心独具的硕果。面对这些真奇异宝，我们没有理由不好好的把它们传下下去。还是习近平总书记说得好：

　　"中国人民在实现中国梦的进程中，将按照时代的新进步，推动中华文明创造性转化和创新性发展，激活其生命力，把跨越时空、超越国度、富有永恒魅力、具有当代价值的文化精神弘扬起来，让收藏在博物馆里的文物、陈列在广阔大地上的遗产、书写在古籍里的文字都活起来，让中华文明同世界各国人民创造的丰富多彩的文明一道，为人类提供正确的精神指引和强大的精神动力。"

　　国家倡导的让"书写在古籍里的文字都活起来"，具有深远历史意义和现实意义。文物的传承，不能仅仅是躺在博物馆的箱柜里、竖在图书馆的高阁上，不使它们遗失和更加变坏就是责任了；而是要把它们请出来，加以深入研究和广泛展示。而对于残缺不全或将近腐朽的文物（文献），要用传统的加上现代的手法去恢复之，使它们焕发出原有的崭新风采。通过研究和展示，更加增强我们的民族自豪感和自信心。这也正是我们的初心吧。

　　工匠精神需要技艺高超，更需要持之以恒、耐得寂寞和忘我的境界。历史上一代代能工巧匠已然为我们树立了榜样。今天，我们步入这个门槛学习，乃至以后从事这个专业并以此为生，成就一番事业，就需练就牢固的专业思想、敬业精神和高超的技艺水平，这是我们每一位从业者都应具备的基本素养。

　　学以致用。那么，哪里是我们的用武之地呢？首先想到的，是国家开办的博物馆、档案馆、图书馆等收藏文物的单位部门，历史上都拥有相当可观的藏品。这些藏品很多都亟待修复，而馆内专业人员又相对稀缺，这应当是我们一个首选的归宿。二是想到，盛世收藏，如今艺术品市场方兴未艾，诸多藏家手里也不乏为了便宜而淘得一些亟待修复的藏品，这无疑也是我们从业的一个去向。三是从更广泛意义上说，国家大力倡导继承传统文化、挖掘利用文物、推进非遗项目、开发文创产品，已成为服务当今社会的主流，我们在其中无论从事什么工作，都将有大展身手的用武之地。

愿我们的专业健康发展，越办越好；愿老师们教育有方，桃李满天下；愿同学们勿忘初心，学有所成，前途似锦。是为序。

刘　飞

2021 年 5 月

# 目　　录

序言 ·················································································· 刘　飞　1

## 第一章　专业概述 ························································· 1
一、解读关键词——"文物" ·············································· 1
　（一）"文物"概念 ······················································ 1
　（二）文物至关重要 ···················································· 1
二、高校文物专业建设 ···················································· 2
　（一）高校相关专业建设 ·············································· 2
　（二）我院专业建设 ···················································· 2
三、专业课程及介绍 ······················································· 4
　（一）课程及课程性质 ················································· 4
　（二）主要课程简介 ···················································· 4
　（三）课程设置图解 ···················································· 5
四、教材编写的目的和意义 ·············································· 6

## 第二章　古籍常识 ························································· 7
一、古籍概念 ······························································· 7
　（一）古籍定义 ························································· 7
　（二）"古籍"一词 ······················································ 7
二、文字产生脉络 ·························································· 8
三、古籍发展脉络 ·························································· 9
　（一）初期书籍之甲骨文书 ··········································· 9
　（二）初期书籍之青铜器铭文 ········································ 9
　（三）初期书籍之石刻文字 ··········································· 9
　（四）正规书籍之简策 ················································· 10
　（五）正规书籍之帛书 ················································· 10
　（六）正规书籍之纸书 ················································· 11
四、纸书版本类型 ·························································· 11
　（一）版本定义 ·························································· 11

1

（二）版本的外观形式 ……………………………………………… 11
　五、古籍分类 …………………………………………………………… 13
　　　（一）四部分类法 ……………………………………………………… 13
　　　（二）按出版者划分 …………………………………………………… 16
　六、不同时期版本风格掠影 …………………………………………… 16

第三章　古籍修复实务 …………………………………………………… 20
　一、古籍修复简史 ……………………………………………………… 20
　二、古籍修复原则 ……………………………………………………… 20
　　　（一）修旧如旧 ………………………………………………………… 20
　　　（二）最少干预 ………………………………………………………… 21
　三、古籍修复工具、材料、设备 ……………………………………… 21
　　　（一）修复工具 ………………………………………………………… 21
　　　（二）修复材料 ………………………………………………………… 22
　　　（三）修复设备 ………………………………………………………… 22
　四、古籍修复流程 ……………………………………………………… 23
　　　（一）建立修复档案 …………………………………………………… 23
　　　（二）古籍修复前准备工作 …………………………………………… 23
　　　（三）古籍修、补 ……………………………………………………… 26
　　　（四）古籍衬、镶 ……………………………………………………… 29
　　　（五）装订 ……………………………………………………………… 30
　　　（六）书函制作 ………………………………………………………… 32

第四章　书画简史 ………………………………………………………… 35
　一、原始时代的书画 …………………………………………………… 35
　　　（一）彩陶上的绘画 …………………………………………………… 35
　　　（二）岩画 ……………………………………………………………… 35
　　　（三）地画 ……………………………………………………………… 36
　二、夏、商、西周、春秋时代的书画 ………………………………… 36
　　　（一）绘画 ……………………………………………………………… 36
　　　（二）书法 ……………………………………………………………… 37
　三、战国、秦、汉时期的书画 ………………………………………… 38
　　　（一）绘画 ……………………………………………………………… 38
　　　（二）书法 ……………………………………………………………… 40
　四、魏晋南北朝书画 …………………………………………………… 41
　　　（一）绘画 ……………………………………………………………… 41
　　　（二）书法 ……………………………………………………………… 42
　五、隋唐时期的书画 …………………………………………………… 44
　　　（一）绘画 ……………………………………………………………… 44

（二）书法 ... 49
　六、五代宋元时期的书画 ... 53
　　（一）绘画 ... 53
　　（二）书法 ... 69
　七、明清时代的书画 ... 70
　　（一）绘画 ... 70
　　（二）书法 ... 83

第五章　书画装裱
　一、书画装裱技艺发展 ... 86
　二、书画装裱设备工具与材料 ... 87
　　（一）场地要求 ... 87
　　（二）装裱台 ... 87
　　（三）纸墙 ... 87
　　（四）其他设备 ... 87
　三、书画装裱基本流程解析 ... 92
　　（一）托画芯 ... 92
　　（二）下墙方裁 ... 100
　　（三）裁、镶局条 ... 102
　　（四）托绫绢 ... 104
　　（五）镶料 ... 111
　四、常见书画装裱类型及步骤 ... 114
　　（一）立轴装裱 ... 114
　　（二）镜片装裱 ... 126
　五、书画修复常见操作 ... 127
　　（一）配色染纸 ... 127
　　（二）画芯修复 ... 129

第六章　陶瓷常识
　一、陶瓷简史 ... 133
　　（一）新石器时代陶器 ... 133
　　（二）夏商周陶器 ... 135
　　（三）秦汉时期陶瓷器 ... 137
　　（四）魏晋南北朝时期的窑址及瓷器 ... 139
　　（五）隋唐及五代瓷器 ... 140
　　（六）两宋瓷器 ... 142
　　（七）元、明陶瓷 ... 144
　　（八）清代陶瓷 ... 148
　二、瓷器修复 ... 152

3

（一）陶瓷修复分类和原则·················153
　　（二）陶瓷修复的主要材料·················153
　　（三）古陶瓷修复步骤···················154
　　（四）陶瓷修复实例····················155
第七章　陶瓷标本展示······················156

后记·······························187

# 第一章　专业概述

## 一、解读关键词——"文物"

### （一）"文物"概念

在中国，"文物"二字联系在一起使用，始见于《左传》。《左传·桓公二年》记载："夫德，俭而有度，登降有数。文物以纪之，声明以发之，以临照百官，百官于是乎戒惧而不敢易纪律。"之后，《后汉书·南匈奴传》有："制衣裳，备文物。"以上所说的"文、物"原是指当时的礼乐典章制度，与现代所指文物的含意不同。到唐代，骆宾王诗："文物俄迁谢，英灵有盛衰。"杜牧诗："六朝文物草连空，天淡云闲今古同。"这里所指的"文物"，其含意已接近于现代所指文物的含意，所指已是前代遗物了。北宋中叶（11世纪），以青铜器、石刻为主要研究对象的金石学兴起，以后又逐渐扩大到研究其他各种古代器物，把这些器物统称为"古器物"或"古物"。在明代和清初比较普遍使用的名称是"古董"或"骨董"。到清乾隆年间（18世纪）又开始使用"古玩"一词。这些不同的名称，含意基本相同，但在很多场合，古董、骨董和古玩，是指书画、碑帖以外的古器物。

中华民国时期，古物的概念和包括的内容比过去广泛。1930年国民政府颁布的《古物保存法》明确规定："本法所称古物指与考古学、历史学、古生物学及其他文化有关之一切古物而言。"说明其概念已远远超出过去所称"古物""古董"的范围。

20世纪30年代中，"文物"一词又重被使用。1935年北平市政府编辑出版了《旧都文物略》，同年成立了专门负责研究、修整古代建筑的"北平文物整理委员会"。这里"文物"的概念已包括了不可移动的文物。

### （二）文物至关重要

令我们骄傲的是，中国作为世界四大文明古国之一，绵延不绝，其中文化所起的传承和维系作用至关重要。人类的文明并不只是思想文化，还有极为重要的物质文化。文物从属于文化，是物化了的文化，凝聚着古人的智慧、技艺、审美情趣、思维方式等许多方面的信息。将许许多多的文物按照它的发展顺序作为切入点来讲文化，这是最直观感性的方式，是探索中华文明的重要线索。近百年来，成千上万在地下埋藏了数千年的文物就像被法术召唤了一样争先恐后地涌出，不断地刷新了我们对中国文化的认识。

2014年3月27日，在联合国教科文组织总部演讲时，习近平总书记指出：中国人民在实现中国梦的进程中，将按照时代的新进步，推动中华文明创造性转化和创新性发展，激活其生命力，把跨越时空、超越国度、富有永恒魅力、具有当代价值的文化精神弘扬起来，让收藏在博物馆里的文物、陈列在广阔大地上的遗产、书写在古籍里的文字都活起来。2016年4月，习近平总书记在对文物工作重要指示中指出：文物承载灿烂文明，传承历史文化，维系民族精神，是老祖宗留给我们的宝贵遗产，是加强社会主义精神文明建设的深厚滋养。2018年10月中共中央办公厅、国务院办公厅印发的《关于加强文物保护利用改革的若干意见》中指出，文物是弘扬中华优秀传统文化的珍贵财富，是促进经济社会发展的优势资源，是培育社会主义核心价值观、凝聚共筑中国梦磅礴力量的深厚滋养。2020年9月28日，中共中央政治局就我国考古最新发现及其意义为题举行第二十三次集体学习。习近平总书记强调，要高度重视考古工作，努力建设中国特色、中国风格、中国气派的考古学，更好认识源远流长、博大精深的中华文明，为弘扬中华优秀传统文化、增强文化自信提供坚强支撑。习近平总书记指出，我们要加强考古工作和历史研究，让收藏在博物馆里的文物、陈列在广阔大地上的遗产、书写在古籍里的文字都活起来，丰富全社会历史文化滋养。

## 二、高校文物专业建设

### （一）高校相关专业建设

为了满足专业人才培养以及学科建设需要，国家教育部相继在高校开设相关专业。北京大学、南开大学、西北大学等均设有相关专业，以博物馆、考古学、文物鉴定保护研究为侧重点，同时，中央美术学院、景德镇陶瓷学院等院校则针对美术、陶瓷进行专类教学。近十多年来，不少职业院校中不断开设文物修复与保护专业，如南京市莫愁中等专业学校（古籍修复专业）、陕西文物保护修缮学院、莱芜职业技术学院、合肥科技职业学院。另外一大批省市艺术高职院校也纷纷开设该专业，如浙江艺术职业学院、湖南艺术职业学院、四川艺术职业学院、福建艺术职业学院、天津艺术职业学院等。

### （二）我院专业建设

**1. 资源优势**

河北省文物价值突出，种类丰富，数量众多。文物遗存上至100多万年前，下迄近现代，没有时代缺环，许多堪称全国之最。如最早的建筑规划图——战国中山王墓兆域图，最大的皇家陵寝——清东陵和清西陵，保存最完整的古代都城遗址——邯郸赵王城等。门类齐全，6大类59小类无一空白。数量众多，据河北省2017年文物普查统计，经专家认定的有文物收藏并在国家普查平台登录的360家，登录文物总数1402448件，其中珍贵文物80689件，一级文物9187件，二级文物15125件，三级文物56377件，收藏量处于全国中上游水平。其中博物馆、纪念馆（70家）登录文物总数856834件，占普查总量的61%。本次普查新发现国有收藏单位173家，新发现认定超过8万件/套的重要文物，基本摸清了全省可移动文物的家底。这是我院文物修复与保护建设得天独厚的资源优势。

**2. 优良传统**

早在1958年，河北省文化艺术专科学校就发挥敢想敢干的精神，开办了博物馆、文物专科，第一期学员43人。这一事件极大地鼓舞了我们，为我们顺应时代和社会需求开设专业提供了莫大的精神动力。

**3. 专业申报**

学院于2014年开始申报"文物鉴定与修复"专业。立足文物市场，以文物鉴定的基本技能为基础，以古籍修复、字画装裱、陶瓷、陶艺制作技能为专业特色。课程设计分为文博基础、政策法规、鉴赏系列、实践操作系列四大模块，面向文物市场、博物馆业、艺术品评估中心、拍卖行、文物保护单位，培养专业人员。教学方式灵活多样，课程班采用课堂讲授、集体讨论、案例教学、动手操作相结合的教学模式,注重实战经验传承,全面提高学生的理论修养水平和实际应用能力。除在博物馆参观考察、器物观摩等传统实践教学方式外,学生将有机会亲赴考古发掘工地观摩和体验考古发掘过程,深入考古工地库房。

令人欣喜的是,我院申报的专业当年获批,2015年9月就迎来了第一批学生。

4. 专业建设与完善

如今,经历了几年的磨炼,我院文物保护与修复专业在教学互动、教学相长中不断完善人才培养,慢慢摸索出适合自己的专业建设道路,进行了更为扎实的社会岗位职位分析,不断调整专业人才培养方案。

(1)社会岗位职位分析

在时代的大背景下,我们对社会职业范围、工作岗位进行梳理,将其分为三大类:

第一类,常规型文物收藏保护单位。国有单位会受到学历的限制,因此我院准备把非国有单位作为重点。

第二类,文物修复企业或个人工作室(技术型)。北京、山西、河南等地都有一些企业接收技术型人才,做一些单位的外包工作,另外个人工作室通过口碑相传也能承接修复工作,我们一部分学生也有些相关个人或家庭背景,有志于从事这类工作。

第三类,拍卖公司、文玩市场商家、现代工艺艺术品营销公司。特别是最后一类公司,它们紧跟潮流,选取或复制有特点、有卖点和有盈利点的现代工艺品。

下面是针对三大类职业列出的初始岗位和晋升岗位及其中涉及的文献修复师和拍卖师资格证。

初级岗位及发展岗位

第一类:国有县级以下及非国有文物收藏保护单位工作人员

专技人员初中高三级

第二类:文物修复企业或工作室技术型工作人员

文献修复师五级逐渐晋升到一级

第三类:文物拍卖及艺术品营销企业(营销型)

拍卖师助理职位晋升到拍卖师

收藏有限公司前期助理晋升到部门经理

知彼知己,百战不殆。从这些社会岗位及工作职责反推,我们接下来分析我们的专业建设,认清现实、精准定位、有所作为。

我们一直关注着文物收藏和保护单位招聘信息,县一级基本要求本科学历,而以下基层单位接收能力不足。但这恰恰是很多学生和家长报考的就业期望,其实是比较尴尬的。面对这个问题,我们积极做好学历提升服务,同时尝试在课程体系中加入相关专接本选修课程。

(2)精准定位,确定目标

借助于河北的地缘优势,可以借力北京、天津两大直辖市优越的文物氛围。同时,学院地处文化中心,紧邻河北省图书馆、博物馆和文物局,方便组织学生进行实践教学,让学生实实在在接触到实物,营造真实的工作环境。在领导的大力支持和积极协调下,我们与省图书馆古籍部、博物馆、文物局和省非遗中心建立了良好的合作关系,努力探索出学中做、做中学,集学校培养和专家指导于一体的人才培养模式。我们的培养目标为,培养热爱传统文化,具有文保心、责任心,具备高素质、高技能的文物修复与保护专业人才。

（3）独特的实践教学体系

在此基础上，我们形成了独特的实践教学体系，概括为：

走出去：参观性和实操性实践教学活动，参观故宫、省图书馆古籍库房、博物馆专业展等及文玩市场、拍卖行，同时突破自有限制，走出去进行碑帖、陶瓷陶艺制作学习。

请进来：聘请国家图书馆、省图书馆、文物局、省非遗专家以及行业、企业一线人员来现场实际教学。

推出去：在一定的基础上，承担认真正工作。每届学生都能接到一些实际修书的工作，也可以跟着文玩老师进入文玩市场，同时抓住机会，承担如古籍普查系统录入和现在在博物馆的非遗民俗展志愿者工作。

## 三、专业课程及介绍

**（一）课程及课程性质**

专业基础课：文物概论、中国古代书籍、纸质文物修复基础、考古学基础、文物鉴赏系列（古籍、字画、杂项）、文化遗产学、中国历史与文化、文物摄影技术等。

专业核心课：文物保护政策法规、博物馆陈设实务、字画装裱与修复、古籍修复实务、陶瓷陶艺制作实务、文物与考古绘图。

专业选修课：篆刻作品欣赏与实践、世界艺术史、河北文化旅游、书法作品赏析与实践、宗教概论等。

综合实践课：田野考古实习、文博馆站实习、陶瓷陶艺制作实习、文物艺术品经营实习、顶岗实习、专业技能测试、毕业实习。

**（二）主要课程简介**

1. 文物保护政策法规（36课时）

该课程系统明确我国文物保护的范围，系统介绍文物保护法实施细则与条例，明晰实施细则与条例两者的关系，通过典型案例讲解剖析文物管理与经营的政策和法规，提供法律保障。

2. 文物与考古绘图（72课时）

该课程为考古绘图技能课，通过对考古绘图规则的讲解，帮助学生了解文物与考古绘图兴起演变及发展趋势，掌握文物与考古绘图注意事项和考古绘图基本方法技术，具备独立完成文物考古绘图能力。

3. 字画装裱与修复（144课时）

该课程为实操性课程之一，通过专业老师演示，让学生掌握旧字画修复的基本依据，重点掌握修复中裁去旧裱、清洗除污、揭心去命、修补托心、过矾镇墙、方裁镶嵌、复画上背、整体全色、装轴上杆、双层保护十大步骤的要领和技巧。

4. 古籍修复实务（144课时）

该课程为实操性课程之一，对古籍破损程度进行鉴定，掌握修复过程遵循的原则：修旧如旧、抢救为主、治病为辅、可逆性、最少干预，明确技术规范与质量要求，能达到初级古籍修复师职业资格标准，考取职业资格证书。

5. 博物馆陈设实务（72课时）

该课程是一门系统介绍博物馆藏品管理制度、管理体系以及藏品保护的课程。在简述藏品概念及分类基础上，具体介绍了藏品的征集、鉴定、定名、定级；藏品登记、编目和管理等方面的内容。此外，为顺应博物馆信息化趋势，课程介绍了数字博物馆及其相应问题。

6. 陶瓷陶艺制作实务（144 课时）

从历史的发展可知，"陶瓷艺术"是一门综合艺术，经历了一个复杂而漫长的文化积淀历程。陶艺，从广义上讲，是中国传统古老文化与现代艺术结合的艺术形式。主要制作方法有拉坯成型、泥板成型、泥塑成型、泥条盘筑、捏塑、泥塑成型、素坯彩绘等。

（三）课程设置图解

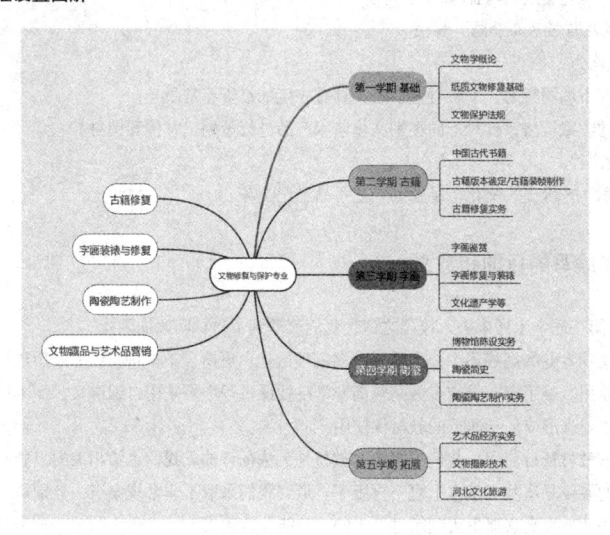

1. "古籍修复实务"模块

（1）职业能力：

古籍版本基本鉴别能力；

能独立完成糨糊制作、染纸、调色等前期准备工作，并针对不同性质损伤制订合理修复方案并实施操作；

能够独立装订线装书、包背装等书籍。

（2）对应课程：

纸质文物修复基础、古籍修复实务、古籍版本鉴定、古籍装帧制作

2. "字画装裱与修复"模块

（1）职业能力：

古字画版本基本鉴别能力；

熟悉字画装裱流程，能够独立完成立轴、横披的装裱工作；

针对不同性质损伤制订合理修复方案并能实际操作。

（2）对应课程：

纸质文物修复基础、字画装裱实务、古代书画鉴赏与实践

3. "陶瓷陶艺制作实务"模块
（1）职业能力：
能分辨陶器与瓷器的区别，对典型瓷器的产地、特色具备基本鉴别能力；
能依据不同成型方法制作简单的陶瓷陶艺成品；
能够结合一定的场景进行陶瓷作品的创意制作。
（2）对应课程：
陶瓷简史、陶瓷鉴定、陶瓷陶艺制作实务
4. "文物藏品与艺术品营销"模块
（1）职业能力：
具备敏锐的市场洞察力，了解行业动态，具有一定的投资鉴赏眼光；
提供合理的收藏策略，针对不同类别文化艺术产品进行策划、宣传和销售。
（2）对应课程：
文化遗产学、艺术史、文化市场营销、艺术品经纪实务

## 四、教材编写的目的和意义

在2015级第一届学生还未进入校门之前，我们就遇到了教材问题的困扰。

尽管开设文物专业的高校不少，但教材大多偏理论化，更适合于本科及以上学历层次使用，不适合高职高专教学使用。经了解，目前多数高职高专学院授课过程中多采用自编讲义，而不同院校的文物类别侧重不同，也很难形成公开通行的教材供使用。

按照图书馆教材征订流程，我们很多专业教材是无法征订的。我们也给相关的出版社打电话联系图书征订，得到的答复是这些书基本上也不再版了。最终我们采取了非常规渠道，分别从网上三三两两地购买，几乎无法从一个卖家那里买到超过6本的，只能分散购买。

一个专业、一门课程的开设，行之有效的教材也是必不可少的要素。经过几年的沉淀，专业上也有了一定的积累，也需要对专业进行总结提炼。为此经过论证，我们决定在参考相关著作、文章的基础上，结合自身的教学实践，组织行业专家和专任教师着手编写一本量身定做的教材，旨在让师生教与学的过程中有所依据。希望这本教材成型后，不仅仅是对过去专业建设的总结，更能对今后的教学活动起到实际指导意义。

本书是对学院文物修复与保护专业所涉及的主体内容的综合，分为四大部分：第一部分对应第一章，是文物修复保护专业概述及编写本书的目的、意义；第二部分是古籍模块，对应着第二章古籍常识和第三章古籍修复；第三部分是书画模块，对应着第四章书画简史和第五章书画装裱；第四部分是陶瓷陶艺模块，对应着第六章。结合人才培养方案中的《纸质文物修复基础》《中国古代书籍》《古籍版本鉴定》《古籍修复实务》《古代书画鉴赏与实践》《字画装裱实务》《陶瓷简史》《陶瓷陶艺制作实务》《古文字文献选读》《书法技巧与实践》等课程，同时对碑拓、篆刻等内容教学起到铺垫作用。

# 第二章　古籍常识

## 一、古籍概念

### （一）古籍定义

目前对于古籍的定义，通常采用的是国家标准《古籍著录规则》中的界定，主要指书写或印刷于1912年以前，反映中国古代文化、具有中国古典装帧形式的书籍。中华人民共和国文化行业标准《古籍定级标准》基本沿用了这一界定，主要指书写或印刷于1912年以前具有中国古典装帧形式的书籍。

那么古籍的上限和下限分别在什么时期呢？从目前发现的存世古籍看，上限约在春秋战国之际，当时私人讲学日盛，文化下移到民间，一些经、传著作以及战国时诸子百家代表作等出现并遗存下来。下限一般认为是在清末民初。1911年清朝灭亡，特别是"五四"新文化运动之后，大量西方学术文化涌入，中国学术与西方逐渐接轨，融入近代世界学术主流。因此具有传统内容与形式的书籍越来越少，近代印刷术出版的图书慢慢占据主要地位，装订形式也由线装逐渐向平装发展。习惯上也往往以这一历史时代作为标志，划分中国古籍的下限。

### （二）"古籍"一词

古籍通常是作为古代书籍的简称。"书""籍"二字连读发展为一个词，其起源比"典籍""载籍"要晚一些。

关于书：东汉许慎《说文解字》中说，黄帝史官仓颉造字，依类象形叫作文，形声相益叫作字，把文字附着在一定的材料上，就称为书。此处关于书的概念是指书写，进一步演化为凡是有文字者都称为书。

关于籍：汉孔安国《古文尚书》中，籍是借的意思，指借用竹简以文字记录政事，带有记载记录的意义，所以叫作籍。这和上面"书"的概念相近，后人渐渐就把两个字相叠，形成了书籍这个名词。

书籍成一词：最早记载于《后汉书》。东汉时马融在《广成颂》的小序里，谦称蝼蚁，职在"书籍"。《三国志·魏书·王粲传》记载，蔡文姬的父亲蔡邕，对宴请的宾客说，王粲是名门之后，有特殊才学，我不如他。我家的书籍、文章都应当让给他。东汉后期"书籍"一词的概念，已和现在差不多了。

可见，书籍概念应该有两个层次：一个是文字记录性质的档案、材料，可以叫作初期书籍、原始书籍；一个是以传播知识、介绍经验、阐述思想等为目的，经过编制或创作，用文字书写、刻、印在一定形式材料上的著作物，可以叫作正规书籍。

## 二、文字产生脉络

《墨子》提到:"书于竹帛、镂于金石、琢于盘盂,传遗后世子孙。"初期书籍产生很早,现在留存下来的多是商、周时期甲骨文书、青铜器铭文、石刻文字资料。

文字作为书籍的构成要素,它的产生演变与初期书籍基本是一致的。下面我们从文字的产生和演变为切入点,阐述初期书籍形态。

口头、肢体语言:文字产生之前,要交流某种意图,只能靠声音与动作的结合来达到目的。后来表达某种意图的声音逐渐定型,为更多的人所熟悉和掌握,产生了口头语言。然而口头语言具有很大局限性:一是说完了就没了痕迹(时间上同步);二是受到障碍或者离得太远就听不清楚或者根本听不到(空间上受限)。因此,人们很难了解远方或者过去的事情。

歌谣、故事:为了解决上述问题,需要把语言与记忆结合起来,编成歌谣、谚语、故事等,如盘古开天辟地、女娲炼石补天等,代代相传,现在非物质文化遗产中就有这一专门的类别。比起口头语言,虽有进步,但它的基础是记忆,容易遗忘或发生错误。一件事情经过若干人的口耳相传,往往会脱离原样,仍然需要人们在加强记忆方面想办法。

结绳记事:《周易·系词》说"上古结绳而治"。清惠栋《增补郑氏周易》卷下解释为,结绳为约,事大大结其绳,事小小结其绳。我国古代各民族都曾流行过。外国如秘鲁、波斯也流行过这种方法。据记载古代秘鲁人记事用的绳子非常讲究。红绳代表军队,黄绳代表黄金,白绳代表白银,绿绳代表粮食。一个单结代表10,两个单结代表20,一个双结代表100,两个双结代表200。每个镇上都设有官吏,专门管理结绳之事。

刻木记事:云南省博物馆陈列着一件佤族留下来的刻着大小不等锯齿的长木板。每个锯齿代表一件事情,缺口深的,代表事情重大,浅的表示事件较小。

此外,人们还会把几种实物拼凑在一起,来表达一个比较复杂的思想。我国历史上,一些民族就曾用一根一尺长的细木棍,将一头劈开,夹上鸡毛、火绳和两只辣椒,作为通报紧急情况的信件送出去。对方一看到,就知道十万火急,会立刻派人赶来相助。

结绳、刻木也好,其他的办法也好,还是为了加强记忆,从而加强口耳相传的可信程度,不但在思想上促进人们不断去探索、创造,在实践上也为文字的出现与形成提供了宝贵的经验。

画图记事:在结绳、刻木记事后,人们交流思想的新工具是图画。图画是文字的前身。旧石器时代的阿尔塔米拉洞穴壁画就是最好的证明(图2-1)。洞内有史前人睡觉的地方及烧烤食物、生火取暖的石灶。洞顶和洞壁多是简单风景草图和分散的动物画像,如野牛、野马、野猪、山羊、赤鹿等,多以写实、粗犷和重彩手法,刻画原始人熟悉的动物形象,千姿百态,栩栩如生。要表达约同狩猎就刻上一个手持弓箭的人,一头牛或者鹿。起初,很具体,等到人们对某些画的意义都熟悉后,开始简化,演变为符号。例如,一头牛,或简单勾勒轮廓,或只画一头两角。

符号文字的出现:1987年12月11日,《人民日报》(海外版)第5版报道了河南舞阳县北贾湖新石器时代遗址,考

图2-1 阿尔塔米拉洞穴壁画

古发掘出距今约 8000 年前的甲骨契刻符号。这说明早在 8000 年前的新石器时代，中国的汉字可能就由图画转变为符号了。第二年《北京晚报》第 8 版，摘录了一篇《陕西日报》上的考古会议，称汉字出现于龙山文化时代的晚期（黄帝时代及夏代初期），并向中美英日苏法加德和中国香港同行展示了 10 多个刻画兽骨的拓片和幻灯片。说明了在 5000 年前，中国汉字已经由图画经契刻符号演化而生了。到殷商时代的甲骨文字，则已经是相当成熟的汉字了。

## 三、古籍发展脉络

### （一）初期书籍之甲骨文书

100 多年前，在河南安阳小屯村，出土约 10 万片刻有文字的甲骨。1976 年我国考古工作者在陕西周原地区，发现西周早期的甲骨，计 15000 片，部分刻有文字，而且文字特别小，需要五倍放大镜才能看清，可见当时雕刻技艺相当精熟。殷商、西周甲骨大多属于卜骨。占卜记录即为卜辞，记载占卜时间、事项、结果、应验情况、卜人姓名等，颇有后世正规书籍的某些意味。并且也有中间钻孔，串连成册，有次序的保管收藏。商周时期的甲骨，有记事内容，有装订形式，可以看成是我国初期书籍的形式之一。

图 3-1　龟甲

### （二）初期书籍之青铜器铭文

商代后期和西周时期，人们把文字铸刻在青铜器上，这就形成了金文。同时青铜器的礼器以鼎为代表，乐器以钟为代表。钟和鼎是青铜器的代名词，所以又叫钟鼎文（图 3-2）。因此铸刻在青铜器上的文字，也叫钟鼎文、金文。铭文的记载从形式到内容，以及文字的长短方面所起到的书籍作用明显。

图 3-2　曾侯乙钟文　　　　　　　　图 3-3　石鼓文

### （三）初期书籍之石刻文字

在现在石刻文字实物中，最有名的是唐初年在陕西天兴（宝鸡）发现的 10 个形状似鼓的刻石（图 3-3），现存北京故宫博物院石鼓馆。鼓身有文字，人们称它为石鼓文，全文约有 700 个字。从诗的内容看，虽然是歌功颂德，但它却是有意创作的诗篇。从载体上看，虽然取石为料，却是有经过加工，造型似鼓，大概是取其容字面积最大。尽管不能像后世书籍那样展卷阅读，但其具备的书籍意味，比甲骨文书、青铜器铭文就更浓了。

除了在石头上刻字，古人还有往石片、玉片上写字的习惯。1965年，在山西侯马晋国遗址，出土一大批春秋晚期的盟书。其中1/3是玉片，2/3是石片，共5000多片。形状上尖下方，长宽厚不尽相同。在它们上面很多写有毛笔字，有的呈墨色，有的呈朱红色。经专家们考证，现在可认读的约600件。内容多与赵鞅有关，赵鞅又称赵简子，是当时晋国权贵。为了在斗争中团结内部，赵鞅就和同宗人举行了一系列的盟誓，这是侯马盟书的一类内容。

这些在玉、石片上书写的内容，虽然都是古盟誓的载辞，还远不是经过创作和编辑的正规著作，但它们却反映着彼时社会的信息，确也起着书籍的某些作用。所以，我们把这些早期刻、写在石质上的文字，也视为中国初期书籍的形式之一。

### （四）正规书籍之简策

简策材料是竹或木。简是狭长竹木片，若干简编连起来就称为策。常见为两种形式：打孔串联、编绳连贯（图3-4）。简策奠定中国古代书籍的基本形式，影响巨大。诸多考古发现证实，竹简盛行时期，木牍也先后盛行，因西北地区木最多，因为此地竹少而木多。

简策在3000多年前的商代就已出现，是从春秋战国至东晋时期的主要装帧形式。东汉蔡伦改良了造纸术，新的材料的普及逐渐改变了装帧形式。到南北朝时，简策基本绝迹。

图3-4　简策 　　　　　图3-5　帛书

### （五）正规书籍之帛书

在竹木简书盛行的同时，丝织品中的缣帛也用来制作书籍（图3-5），这在《墨子》书中不止一次提到。东汉应劭《风俗通义》记载："刘向为孝成皇帝典校书籍二十余年，皆先竹书，改易刊定，可缮写者以上素"。《后汉书》记载东汉末年董卓作乱，士兵拿来帛书做帐篷、提囊。《隋书·经籍志》记载晋荀勖整理《晋中经簿》时谈到当时的书，仍说是"盛以缥囊，书用细素"。说明从春秋到东晋上千年的时间里，缣帛和竹木简一样，是书籍普遍采用的制作材料。此种情况，从出土实物可以验证：1908年，英国人斯坦因在敦煌发现两件帛书，一件9厘米见方，一件长15厘米、宽6.5厘米，约是公元15—56年之间的遗籍。1942年，长沙战国时代楚墓出土过帛画。1972年、1973年，长沙马王堆西

10

汉墓出土彩色帛画、帛书20多件，约10余万字。这批帛书的出土，提供了较为完整的帛书形象，进一步证明，缣帛的确曾是中国书籍制作材料之一。1976年，山东临沂银雀山西汉墓出土20种帛书。商周秦汉各代都是简帛并用，但帛价格昂贵，无法普及。

**（六）正规书籍之纸书**

造纸技术发明和改进是纸书出现的先决条件。该部分先简要介绍蔡伦改进造纸术内容，纸书的详细内容后面会专门讲解。《后汉书·蔡伦传》记载："蔡伦字敬仲，桂阳人也。永元九年，监作秘剑及诸器械，莫不精工坚密，为后世法。自古书契多编以竹简，其用缣帛者谓之为纸。缣贵而简重，并不便于人。伦乃造意，用树肤、麻头及敝布、鱼网以为纸。元兴元年奏上之，帝善其能，自是莫不从用焉，故天下咸称'蔡侯纸'。"造纸术经蔡伦改进以后，质量提高，行用天下。

## 四、纸书版本类型

**（一）版本定义**

版本有广义和狭义之分。广义的古籍版本，泛指包括写本、印本在内的，用各种方法制作而成的古代图书的各种本子。狭义的古籍版本，专指雕版印本。

关于"版"：《说文解字》释为，"判也，从片，反声。"清代朱骏声《说文通训定声》一书中更准确地指出："判木为片，名之为版。"就是说，剖成片状的木头就称为"版"。"版"是本字，后因版多系木质，"版"常写作"板"。简策时代，短文常写于版上。《仪礼·聘礼》云"百名以上书于策，不及百名书于方"。"百名"就是百字，"方"就是一尺见方的版。书信一般文字较短，故书信多用版。这种版长约一尺，写上文字的版叫"牍"，所以书信最早又叫"尺牍"。

关于"本"：书之称"本"，最早见于西汉末年刘向所撰《别录》。造纸术发明后，纸作为图书文字的载体。由于纸与缣帛性能相似，因此最初的纸写本书继承了帛书的卷轴装形制，"本"的称谓也由帛书而移到纸写本书，一直沿用了下来。于是在帛书之后，凡实物形态的图书均可称本，且不论用何种方法制作，采用何种装帧形式。

关于"版本"："版"与"本"二字合为一词，始于宋代，本义是用雕刻好文字的木版印制而成的图书本子，最初仅指雕版印本（刻本）。其目的是为了与当时社会上流行的写本、拓本等相区别而已。随着活字印刷术的发明和普及，特别是近代西方铅印、石印、胶印等印刷技术的传入，印制图书的"版"已不限于木质雕版一种，故"版本"一词的含义也随之丰富起来。刻本之外，其他各种类型的印本如活字本、铅印本、石印本、胶印本、各种影印本等，逐渐都被包括到范围之内，甚至像稿本、抄本等手写及拓本等也均成为版本的各种不同类型。有学者给现代的版本概念下了这样一个定义：版本就是一部图书的各种实物形态（广义上的概念）。

**（二）版本的外观形式**

版本的外观形式由版本的图文符号、载体材料、装订形式、版式、结构五个方面构成。版本的各种形式特征以及其间的差异，就是围绕这五个方面表现和展开的。

1. 图文符号：此处的图文符号，是指外观特征而不是指版本的文字内容，如某版本上的图画是彩色的，还是黑白的；文字是繁体字，还是简体字；字体是印刷体，还是手写体等。

2. 装帧形式

装帧形式就是装订形式，是书籍的外在特征。在书籍发展史上，随着载体材料和制版方式及人们需

11

求的不同，图书的装帧形式也相应地发生变化，造就了多种多样的装帧形式。

（1）简帛图书。早期文献中，甲骨、金石虽也曾作为文献的载体材料，但它们还不能算作正规书籍，也谈不上什么装订形式。我国最早的正规书籍应是简策，从而也产生了我国的第一种书籍装帧形式。

简是用竹或木割成的细窄长条，在上面可以用毛笔书写文字。多根简用绳编连起来就成为策。编简成策一般用两道编，长简为了牢固也有用三道编甚至四道编。一策书卷成一卷称为一篇，一部书常由许多篇组成，为防散乱将一部书的许多篇用一层竹制或帛制的外皮裹起，称为一帙，或用口袋盛放而称为一囊。书帙、书囊的名称就是这样得来的。

帛是一种素白的丝织品，幅宽面长，在其上书写、绘图相对便捷。帛书的装订形式很简单，或一反一正折叠存放，或卷成一卷，较讲究者在左端黏结一轴，成为后世卷轴装的鼻祖。

（2）纸写本书。自东汉蔡伦改进造纸术以后，纸写本书开始出现。但书籍纸写本书时期的真正开始，是东晋末年桓玄帝下令废简用纸之后。下面选取几种典型装帧形式进行介绍。

卷轴装：早期，纸写本书受简策和帛书的影响，自然而然地采用了卷轴装的形式。将一张张纸黏结成长幅，以木棒等作轴粘于纸的左端，以此为轴心自左而右卷成一卷，即为卷轴装书籍。简单一些的有径直舒卷的，考究的则于卷的右端再黏结一张空白纸，或用丝织品裱糊黏结，俗称"包头"；其前端中间还要系上一根丝带，用来捆扎卷子，轴头拴一牌子，标明书名、卷次等，称为"签"。简策时期的书帙、书囊，也被纸写本书的卷轴装沿用下来了。

梵夹装：将印度贝叶经的装订形式称为梵夹装。贝叶经又叫贝编，是用一种贝多罗树的树叶加工制成长条形的书页，用一种针在叶面上刺划，然后在表面上涂上颜料，成为经久不褪的文字；将许多这样的书页整齐叠放，上下用木板夹起来，再在中间打两个眼，用绳子穿扎起来，就成为一部书。由于其内容大多为印度佛经，故称之为贝叶经。中国的纸写本佛经也多有采用这种装订形式的，特别是现存的蒙文、藏文《大藏经》，很多都采用的是梵夹装的形式。

经折装：经折装受卷轴装影响，将一张张纸黏结成长条，也类似于帛书的叠放方式，将纸卷一反一正地折成长方形的折子，然后模仿梵夹装的做法，在纸的前后分别黏结上两块硬纸板或木板，作为保护图书的封面和封底。

（3）印本书。雕版印刷术在唐初发明后，到宋代已呈现出繁荣态势，于是出现了与印本书相适应的一种新的书籍制度——册页制度。蝴蝶装、包背装、线装，都属于册页制度。

蝴蝶装：又称蝶装，因书页展开形似蝴蝶而得名。其装订方法是：先将每一印页由书口向内对折，使有字的纸面对折起来，然后将每一书页背面的中缝粘在一张裹背纸上，再装上硬纸作封面，便成一册蝴蝶装的图书。

包背装：蝴蝶装有缺点，必须连翻两页才能连续阅读，而且外纸背频繁出现也影响美观。于是在南宋末年，有人开始将书页有字的一面向外对折，使版心成为书口，书页两边的余幅粘在一张裹背纸上，或先用纸捻穿订起来再行粘贴，就成为包背装图书。包背装在元代和明初很流行，到明代中叶以后才逐渐被线装的形式代替。

线装：线装兴起于明代中叶，来源于包背装。其折叠书页、穿纸捻的方法与包背装一样，差别在于不再用一张裹背纸包背，而改为前后各加一书皮，然后打眼穿线，装订成册。线装书是我们现在最常见到的古籍装订形式，也是古籍中最为进步的一种装订形式。

古籍结构和版式示意图见图4-1、4-2。

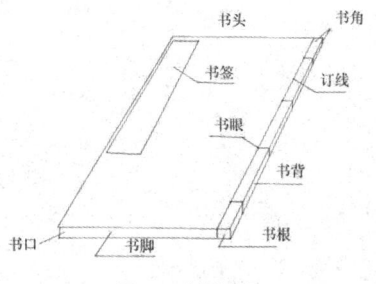

图 4-1 古籍结构图

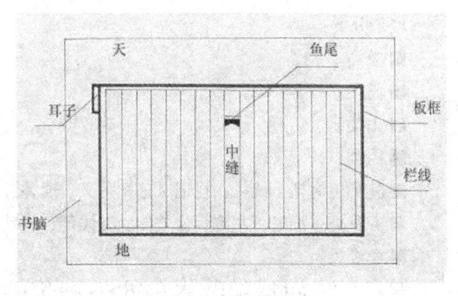

图 4-2 古籍版式示意图

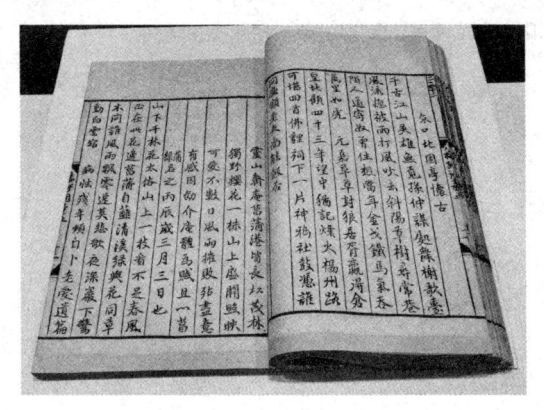

图 4-3 古籍实物

## 五、古籍分类

最早的古籍分类，是西汉刘向、刘歆父子的《七略》，将图书分为六大类三十八小类。南朝齐时王俭的《七志》继承并发展了刘向父子的分类方法，增加图谱类，成为七分法，又附道经、佛经，实际上是九类。晋荀勖的《晋中经簿》把古籍分为甲、乙、丙、丁四部。唐朝《隋书·经籍志》吸取荀勖的四分法，将群书按经、史、子、集分为四部，开始了以四部分类法为正统的新阶段。此后，历经宋元明清，无论官修目录还是私藏目录大多遵循四部分类。至清乾隆年间修《四库全书总目》，成为四部分类法集大成者。大型的古籍丛书往往囊括四部，并用以命名，如除《四库全书》外，还有《四部丛刊》《四部备要》等，可见四部分类对古籍的重要意义。

### （一）四部分类法

下面以《中国古籍善本书目》分类为例，对四部分类法进行简要介绍。

1. 经部

"经"即经典的意思，孔子删定的诗、书、礼、乐、易、春秋被奉为经典。四库法将经部以及解释经书有关的著作列在四库之首，称为经部。

13

经部分类：
- 总类
- 易类
- 书类
- 诗类
- 礼类（周礼、仪礼、礼记、三礼总义、通礼、杂礼书）
- 春秋类（汇编、左传、公羊传、谷梁传、春秋总义）
- 孝经类
- 四书类（论语、孟子、大学、中庸、四书总义）
- 群经总义类
- 小学类（汇编、训诂、字书、韵书）

2. 史部

史部收录史书，分为15个大类。

史部分类：
- 正史类
- 编年类
- 记事本末类
- 杂史类
- 别史类
- 诏议奏令类
- 传记类
- 史钞类
- 载记类
- 时令类
- 地理类
- 职官类
- 政书类
- 目录类
- 史评类

3. 子部

"子"，是先秦对德高望重者的尊称。春秋时代百家争鸣，产生了许多学派，这些学派的创始人和主要代表人物被称作"子"。子部，收录先秦诸子著作及与其有关的著作。在四部中子部实际上是个杂类，那些无法归属于经、史、集的类别均入子部。

子部分类：
- 总类
- 儒家类
- 兵家类
- 法家类

- 农家类（附兽医）
- 医家类（丛编、医经、本草、诊法、方论、针灸、养生、史传）
- 天文算法类（天文、历法、算书）
- 术数类（数学、占候、相宅相墓、占卜、命书相书、阴阳五行、杂术）
- 艺术类（书画、画谱、篆刻、乐谱、棋谱、杂技）
- 谱录类（丛编、器物、食谱、花草树木、鸟兽虫鱼）
- 杂家类（杂学杂说、杂考、杂记、杂品、杂纂）
- 小说类（笔记、短篇、长篇）
- 类书类
- 释家类（大藏、译经、撰疏）
- 道家类

4. 集部

"集"，是作品集的意思，所收之书大都为文学作品集。它相当于四部中的文学总类。

集部分类：
- 楚辞类
- 汉魏六朝别集类
- 唐五代别集类
- 宋别集类
- 金别集类
- 元别集类
- 明别集类
- 清别集类
- 总集类（丛编、通代、断代、地方艺文、家集）
- 诗文评类
- 词类（丛编、别集、总集、词话、词谱、词韵）
- 曲类（诸宫调、杂剧、传奇、散曲、俗曲、弹词、宝卷、曲选、曲谱、曲律、曲韵、曲评、曲话、曲目）

此外，将多种单独著作汇集在一起，加上一总书名，即为丛书。丛书单立类，是从清末张之洞的《书目答问》开始的。

丛部分类：
- 汇编丛书
- 地方丛书
- 家集丛书
- 自著丛书

四部法，有许多的缺陷，比如其分类体系是封建社会的尊经卫道思想体现。另外，近代中国，西方学术思想不断涌入，一些反映新学科、新技术和新思想的书籍无法入类等等。因此，对其进行一些调整也很必要。这几年，中华古籍总目分省卷编纂在即，为了更科学地反映中国古籍情况，部分专家对目前通行的分类法进行了新的论证，做了细微的调整，增加了新学一类。

15

## （二）按出版者划分

除四部分类法外，还可以按照时间、出版地、出版者等标准来划分。其中按出版者来划分也是常用的标准。

古代刻本一般可分为官刻本、私刻本（家刻本）、坊刻本三大类。

1. 官刻本：凡由官方机构刊刻的书，统称官刻本。分为中央政府机构刻本和地方各级政府机构刻本。

（1）中央政府机构出版的刻本：

国子监本（监本）、明南监本、北监本、内府本、秘书监本、崇文院本、钦天监本、兴文署本、司礼监本、经厂本、太医院本、武英殿刻本（殿本）等。

（2）地方各级政府机构出版的刻本：

①地方官府刻本。如宋代公使库本、茶盐司刻本、转运司刻本、计台司刻本、提刑司刻本、郡斋刻本、各路、省、道、州、府、县官衙刻本等。

②地方官学刻本。即地方政府所属各级学校的刻本，称作儒学本、郡庠本等。

③书院刻本。如宋婺州泽丽书院刻本、元杭州西湖书院刻本、明大梁书院刻本、清南菁书院刻本、诂经精舍刻本等。

④藩府刻本。专指明代潘土府刻本，如秦藩、周藩、赵藩、宁藩刻本等。

⑤地方官书局刻本。简称局本，专指清末和民国初年各省所设书局刻本，如金陵书局刻本、浙江书局刻本、湖南思贤书局刻本、广东广雅书局刻本、湖北崇文书局刻本等。

2. 私刻本

又称家刻本，其牌记多刻于家塾，是私人出资刊印的书，不以盈利为目的，多以姓名或室名堂号相称。如南宋廖莹中世彩堂本、曹氏进德斋刻本；明代毛氏汲古阁刻本；清代顾嗣立秀野草堂刻本、鲍廷博知不足斋刻本等。此外也有以出版者姓名相称的版本，如宋代黄善夫本；元代丁思敬本；明代王延喆本、闵本、凌本；清代阮元本、胡克家本等。

3. 坊刻本

书坊刻印的书，书贾刻书的目的在于出售和盈利，这是坊刻本与私刻本最大的区别。容易辨识的是以书坊、书棚、书铺、书店、书堂、书林、书肆等名号相称的。如南宋临安陈宅书籍铺刻本、元代建安余氏勤有书堂刻本、明代杨氏清江书堂刻本、清代扫叶山房本、南京李光明庄刻本等。但坊刻本中更多的还是以与私刻本名称相似的斋、堂号相称的，如宋代建安余氏万卷堂刻本、元代叶氏广勤堂刻本、刘氏翠岩精舍刻本、明代刘氏慎独斋刻本、唐氏文林阁刻本、清代陶氏五柳居刻本、北京文萃堂刻本等。

## 六、不同时期版本风格掠影

唐写本

北宋刻本（字体大）

北宋末南宋初蜀刻本

宋绍兴二至三年（1132—1133年）两浙东路茶盐司公使库刻本

南宋初国子监刻《周易》单疏本卷十四

宋淳熙（1186年）内府写本

文物修复与保护

南宋史浩等纂修《仙源类谱》

南宋宁宗时重刻本《荀子二十卷》

蒙古乃马真后元年（1242年）孔氏刻本

元大德三年（1299年）广信书院刻本

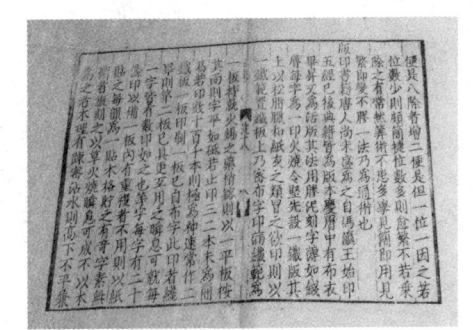

元大德九年（1305年）东山书院刻本

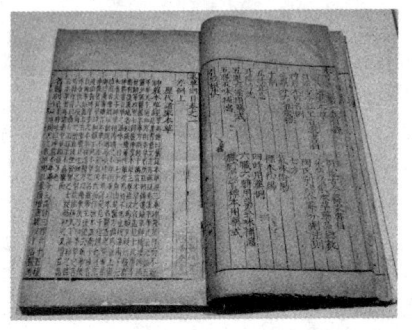

明万历二十一年（1593年）金陵胡承龙刻本

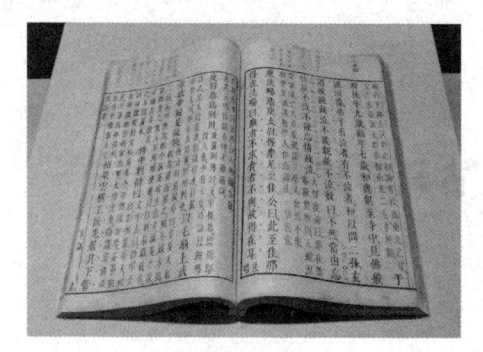

明凌濛初刻四色套印本

明崇祯刻本

清康熙十八年（1679年）彩色套印本

清纪昀等编纂乾隆内阁写本

清道光咸丰间岭南寿经堂锡活字印本

# 第三章 古籍修复实务

## 一、古籍修复简史

古籍修复是一项传承久远的关于古籍保护、印刷和修复的技艺,是中华民族灿烂悠久文化的代表,是文化遗产中的宝贵财富。古时的书籍修复和装订都集中在书铺、书肆、书坊等书籍经营场所。唐以前古籍装帧形式以卷装为主,古籍的装帧、修复被称为装潢。唐末古籍的装帧形式出现改变,到宋代随着印刷术的发展,卷轴字画装裱和书籍修复,由之前的书画不分家逐渐独自发展,成为单独的技艺。考古发掘发现有很多春秋战国时期绢帛上有修改、挖补的痕迹。部分学者认为此时为古籍修复技艺的萌芽时期。

北魏贾思勰所著的《齐民要术》就记载着:"书有毁裂,郦方纸而补者,率皆挛拳,瘢疮硬厚。瘢疮于书有损。裂薄纸如薤叶以补织,微相入,殆无际会,自非向明举之,略不觉补。"这应是文献中有关古籍修复的最早记录,就是说书籍出现了裂口,把纸剪成方块去补书,书页一般都会出现蜷缩现象,补过的地方形成瘢疮状,又厚又硬。这样的修补对于书是有损害的。"微相入"只将书页破损处和补纸搭上一点点,如果不是对光看,大致是看不出修补痕迹的。可见当时修复技艺已很娴熟。

伴随着印刷术的发展,宋元时期专业裱褙局已形成规模。明清两代民间的图书装裱行业更是如火如荼地发展,裱褙艺人的铺面聚集,并形成了裱褙工作的专业聚集区域。清末民国时期,由于战况不断、民不聊生,修复装裱行业每况愈下,从业艺人大量减少,技艺失传。1949年中华人民共和国成立后,古籍修复事业慢慢得到恢复,国家政策不断扶持,修复事业重现振兴。

在长期的经验积累中,古籍修复形成了几大流派,和书画装裱的派别基本一致。随着古籍修复艺人的年龄逐渐增大,出现后继无人、手艺人相继另寻他路的现象。沪派、蜀派、徽派、岭南、鲁派、津派等大部分在1970年左右消失,津派是消失最晚的,津派古籍修复的最后一名弟子于2004年左右停止修复,为津派最后一名古籍修复艺人。

## 二、古籍修复原则

古籍是在流通过程中出现的磨损,修复则是书籍发展到一定阶段而产生的。古籍修复是对古代书籍保护的主要措施,古籍修复技艺也在不断地采用新手段,因此也有了更高的修复要求。

### (一)修旧如旧

古籍修复始终要恪守修旧如旧的基本原则,修复后的书籍尽可能地保持古籍原有的特点和风格,保持原貌,使古籍的资料价值、文物价值不因修复而受损。只有保存古籍的原样,才能准确获得古籍相应的信息和价值。

（二）最少干预

从保护角度出发，修复工作不做无谓的干预。古籍的修复要控制在最小范围内，过多干预和过量使用修复材料，就会造成不恰当的过度修复，甚至造成古籍的二次伤害。

1. 材料和措施可逆性

在修复过程中使用的材料和技术，在必要的时候可以拆除和替换，并且不伤害到古籍。待将来有更好的材料和技术出现时，还能还原古籍的原态，进行更有利的修复。

2. 抢救为主，治病为辅

在古籍修复工作当中，根据古籍破损程度的不同，将古籍分为轻、重、缓、急不同病况，优先考虑修复"病情"严重的稀缺古籍，让修复工作从无序变有序，更加合理地安排修复顺序。

## 三、古籍修复工具、材料、设备

（一）修复工具

古籍修复专用工具多是古籍保护机构或图书馆统一定做配发的，个别工具也可自己制作。古籍修复用的工具多半是买不到的，例如竹起子、专用订书锥子等。古籍修复的工具主要有补书板、毛笔、糨糊碗、排笔、镊子、棕刷、板刷、喷壶、压书板、压石、起子、锥子、针锥、垫板、铁锤、剪子、台灯、放大镜。同时，还有锤书石板、笤、裁板、尺子、直角尺、刀子、刻刀、马蹄刀、木锤、针、丝线、抹布、竹帘、晾纸架等。可以配套袖、口罩避免一些灰尘过敏。

其中常用工具有毛笔、排笔、棕刷、喷壶、垫板、镊子、剪刀。

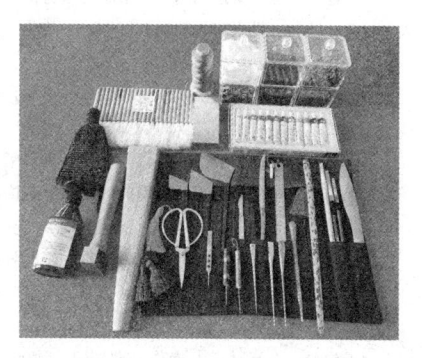

补书板——也叫作垫板，宣纸托裱在板子上，书页可以放置在板面上进行修复操作。

毛笔——毛笔用于修补书页涂抹糨糊时使用，羊毫最佳。

糨糊碗——用于盛修复使用的稀糨糊，或调制糨糊，一般用透明材质或不锈钢材质。

排笔——也叫排刷、羊毛刷。用于托裱书页，有轻微掉毛现象，用完后清洗干净，笔头向下挂置。

板刷——羊毛刷的一种，用于书页除尘和书页受潮后刷平处理。

镊子——不锈钢材质，有弯头、直头、眼科医用镊子多种。用于挑拣杂质、刷毛等，分离修复中搭界处的补纸。

棕刷——用于托裱纸张和书页，棕刷使用前要修剪并去除杂质，再用沸水煮20分钟，晾干后才能使用。

压铁——也叫铅坨，古籍装订时用于固定书籍。

喷壶——喷壶用于给书页喷水受潮，使书页纤维放松，更加平整。

压书板——木质纤维板，用于隔开修复后的书页压平书籍，尺寸不一。

压石——切割好的石材，由于分量重用于压实书籍。

竹起子——薄竹片削制而成，用于揭开书页和起开托裱的纸张书页，还可用于裁纸，竹片厚度自下而上逐渐过渡，尺寸不一好用为宜。

锥子——不锈钢材质，平头或方头，锥尖细长，专用于书籍订眼。

针锥——大号缝衣针制作，用于挑、撬书页和定位。

垫板——木料纤维疏松的榉木最好，分量轻，不易变形，厚度约5厘米，用于古籍装订时订书眼。

剪子——大小都有，好用为宜，用于剪齐书页。

铁锤——用于敲平书页和修复后搭界的部位，操作时锤头一定要和书页平行，不能伤害到书页。

石板——普通石材即可，要求表面平整，石板和锤子配合使用，用于锤平书页。

箩——过滤糨糊、面粉时使用。

裁板——用于裁纸或修复操作垫板。

尺子——直尺和三角尺，钢尺或塑料材质均可，用于测量定位。

刀——马蹄刀、美工刀、刻刀三种不同型号。马蹄刀、美工刀用于裁纸，刻刀用于函套制作在纸板上打眼。

木锤——也叫敲锤，用于订书眼时敲打钢锥，前端用来订眼，后端装订时用来敲打纸钉。

针、线——针眼略大的缝衣针即可。线为丝线最佳，白色、仿古色，也可自己染色，均用于线装古籍装订。

晾纸架——木质或不锈钢材质，样式不限，用于晾晒染纸或书页。

（二）修复材料

修复材料包括补纸、糨糊以及所用各种宣纸。除此还有绢、绫、锦等丝织品。有些珍贵的古籍在书衣、书函、包角处使用高档华贵的丝织品做装饰。

古籍修复用纸种类很多，大多也是统一定做配发的。修复用纸是最大的消耗品，工作当中还可以收集一些古纸。修复用纸除宣纸外还有配纸与补纸，主要有麻纸、皮纸、苦竹纸、草纸、连史纸、扎花纸、混料纸等。根据修复书籍的纸张颜色与薄厚进行选择。

（三）修复设备

工作台——尺寸不一操作方便即可，漆面、台面厚度10~13厘米，支架高度85~90厘米，用于修补、装裱、刷染等。

压书机——电动或手动，市面有售，用于压平修补好的书页，起到平整书页的作用。

裁纸机——电动或手动，市面有售，裁切厚度 8~10 厘米，用于裁纸和裁切书边。

电炉、蒸锅——市面有售，无明火的电磁炉最佳，用于烧水熬制糨糊。铝质或不锈钢蒸锅，直径 30~40 厘米，可熬制糨糊和蒸揭书页。

水槽——尺寸不一，木、瓷、不锈钢材质均可，槽底留孔，有活塞。用于冲洗书页。

书柜——市面有售，木质或铁皮柜均可，用于存放书籍、纸张、工具等，按需配置即可。除以上必备物品以外，围裙（工作服）、口罩、台灯、纸浆机、水壶、天平等可根据需要配置。

## 四、古籍修复流程

### （一）建立修复档案

**1. 修复档案的重要性**

建立修复档案是对古籍修复过程所做的全面记录，是贯穿修复工作始终的一项重要工作，能把修复古籍时的检查、准备及修复过程全面、具体地记录下来，修复档案是古籍修复和续修工作必不可少的参考，续修人员也要参照前人的档案记录，完成其余的修复和档案的记录工作。修复档案要将修复措施和材料的文字、表格、图片、音视频资料和实物加以保存，为后人提供有关本次修复的关键信息，为再次进行可逆性修复提供信息保障。

**2. 古籍修复档案的具体内容**

修复方案是针对古籍破损情况而制订的修复计划和措施，是古籍修复工作的重中之重，对古籍修复过程控制、修复质量起决定性的作用。修复思路是要在基本的修复原则下，对待不同破损情况的古籍采取不同的修复措施。整个档案的内容要既能再现古籍修复前的破损状况，又能体现修复过程中修复人员的技艺水平，同时也要展现古籍修复后的新面貌等相关情况。

古籍修复档案应由五大部分内容组成：

古籍的基本信息：包括书名、版本、开本、页码、纸张等的基本情况。

文献状况：纸张颜色、种类、厚度、破损状况等。

修复方案：修复所用材料及制作方法、修复技术手段及相关步骤。

修复影像：修复前后图片和视频资料。

修复质量鉴定和修复经验总结：根据对比和修复原则，作出总结。

目前，古籍修复中采用的修复方法主要有揭、脱酸、补、托、裱、衬。其中的具体操作细节因破损情况而异。

### （二）古籍修复前准备工作

**1. 点收**

古籍在修整前，首先要核点古籍数量、书名、册数、卷数、页码等。在点收过程中要注意古籍是否缺卷和缺页，是否顺序颠倒页码混乱或无页码，将古籍按顺序编号理清数目，再做相关记录或登记。同时还要对修复前的古籍拍照留影做图片信息资料,修复完成后也要拍照存档,可以将修复前后进行对比。

2. 制订修复方案

制订修复方案之前首先对古籍进行"病情"诊断,就是"书医"对古籍全面检查的一个过程,古籍的破损情况千差万别,因此要分析古籍破损原因和破损程度,例如虫蛀、鼠咬、受潮、火烤、纸张糟朽、自然磨损等等。修复方案就是对古籍诊断后开出的治疗方案,古籍受伤程度是轻度、中度还是重度,需要"住院"还是"开刀",正确了解古籍病情后做出修复实行方案。

3. 拆书

除了小修小补以外,大多数待修的古籍都要将原书拆开,才能进行全面整体修复。首先要将古籍订线剪断,将订线拆除。然后轻轻拆去古籍封面,再将纸捻拆除,最后用羊毛刷轻轻扫去灰尘。部分古籍装订牢固,需要借助镊子或其他工具帮助,切记拆书时不要急躁,不要用力过猛,以免伤害原书。

4. 备料

修复工作开始前,准备需要的工具和材料,除所备工具外主要还有打糨糊、配纸。

(1) 糨糊

糨糊是修复当中必不可少的黏结材料,它是中国最古老的黏合剂,众多文献中都有古法制糨的记载。糨糊的质量直接影响书籍修补的好坏。糨糊主要用于修补书页,和书籍装订过程中的黏结。糨糊的原料为面粉,各地因传统制作工艺不同,制作过程略有差别。好的糨糊外观晶莹透亮、糨性柔和、黏性适度,使用后书页会取得柔软平整的效果。

糨糊的制作流程如下:

盆中取适量面粉,加入适量清水,均匀揉成表面光滑的面团,醒发十分钟。

面团放入布袋,加入半盆清水,在水中反复揉搓挤压面团,洗出面团中的淀粉。可重复加水揉搓2~3次,直到洗出全部淀粉。

将洗出的淀粉倒入桶中沉淀,三天后将水缓慢倒出,再加入同量的清水,反复2~3次。

将沉淀好的淀粉倒入干净的塑料布或其他板材上晾晒,晒干收集备用即可。

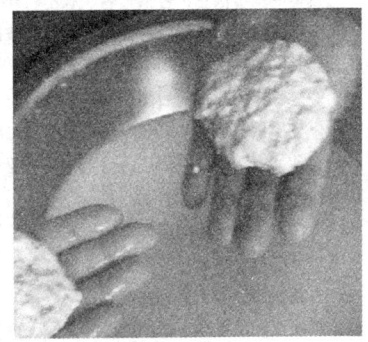

接下来是糨糊的调制与使用：
取少量晒干的淀粉放入碗中，加入清水泡至融化无颗粒。水刚刚没过淀粉即可。
水烧开倒入碗中，并快速搅拌均匀使糨糊充分熟透，糨糊呈透明胶状最佳，整个过程一气呵成。
糨糊在使用过程中可分为干糨糊和湿糨糊两种。干糨糊多用于粘封面、包角、做书函等。湿糨糊也称稀糨糊或水糨糊，稀糨糊要多加水，水中微微泛白即可，稀糨糊易沉淀，每蘸取一次都要将糨糊轻轻搅动，糨糊在酷热的环境下不易保存，调好的糨糊最好当天用完，以免发酵失去黏性。

（2）配纸

配纸也是古籍修复当中的关键，纸张的色泽、质地、性能、厚度都不相同，所以修补用纸极为重要。首先要找平时积累下来的，完全相同的古纸，古纸极为珍贵且数量有限。没有古纸的情况下找颜色相宜、厚薄相宜、纸质相宜的纸代替。当补纸选择受限时还可以根据古籍原书进行染色。

（3）染料

染料主要用来染纸和丝织品，必须使用天然植物或矿物染料，如赭石、藤黄、橡碗子、红茶、栗子壳等。这类染料不仅染色效果理想还不伤害纸张纤维。教学当中通常使用栗子壳或橡碗子，操作简单且造价不高。首先将水在电磁炉上烧开煮沸，将橡碗子或栗子壳放入沸水中煮制，清水变褐色即可，最后滤掉残渣就可直接使用。在染料不充足条件下还可以用国画色代替。

排刷法：
擦净桌面，铺平纸张，用排刷蘸取煮好的染汁，排刷依次相接均匀刷平纸张，切记不无方向随意刷之。赶出气泡刷好后晾置在晾纸架上备用即可。

拉染法：
拉染法染纸需要纸槽，将煮制好的染汁倒入染槽内，借助木杆或小棍双手提纸张两头，顺势将纸浸到纸槽内，慢慢拉染，染好后上杆晾晒即可。

浸染法：

浸染法可以一次多染，适合拉力较好的纸张，纸张放于染槽或盆内，把染汁倒入其中，再用手压纸，使染汁浸透全部纸张，等纸张吸足染汁后沥去水分，晾置半干状态再分成若干，最后逐一分开晾干后备用即可。

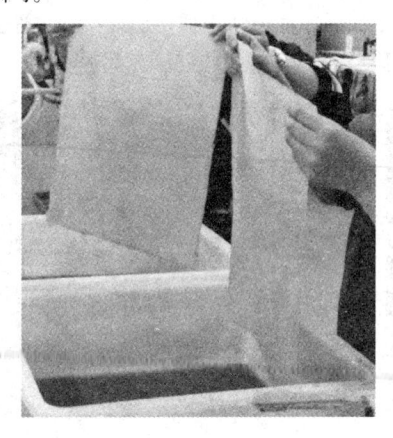

## （三）古籍修、补

### 1. 溜口

由于古籍的多次翻阅，书口容易磨损裂开，溜口也称溜书口，大多古籍在修复时都需要先溜书口。操作时也可以连补带溜。

溜口纸使用最薄的皮纸，和书页颜色最接近为宜，裁成约1厘米宽的小条备用。

糨糊调成适宜的水糨糊，准备好垫板、毛笔、羊毛刷、喷壶、吸水纸等常用工具。

书页反面向上放置垫板上，书口对齐。喷壶稍稍喷潮书页，使纸张纤维舒展，羊毛刷轻轻扫平。

顺书口处用毛笔涂抹糨糊，将裁好的溜口纸贴紧于书口上，用手掌按压，再用吸水纸吸潮，双手在两端同时将书页慢慢提起，再将书页依次排列放置一侧晾干。

晾干后将书页按原来旧折痕对折，折页时不要用力过猛以免撕破书页，对折后剪齐，轻锤书口，锤平即可。

## 2. 补洞、补缺

虫蛀鼠咬是古籍修复常遇到的情况，虫蛀情况严重的古籍千疮百孔、贯穿全册，打开书页有时可见虫子残留的尸体，鼠咬的古籍则缺损不规则，破损位置大多出现在古籍四边，补洞补缺就是将虫蛀鼠咬的位置修补完整。两者修复方法基本相同。

修补时要注意，补纸连纹要和书页连纹对齐，先补大洞再补小洞，最后补好的位置要经过锤平处理。

准备与书页纸张颜色、薄厚相宜的补纸，准备常用工具。

打开书页清除虫屎等残留，扫去灰尘后喷潮书页，在虫洞边缘或缺损处涂抹一点点水糨糊。

手持补纸喷潮，放于孔洞上，用手指按压粘牢，撕去多余补纸。

再用镊子慢慢将周围搭界处的补纸修整一致，搭界处以 0.2 毫米为宜。

修复完毕后将书页依次排列，喷水压平，待干后折页剪齐。

## 3. 托裱、揭裱

古籍托裱是古籍书页整体加固的过程，即在破损的书页背面裱上一张新的背纸，背纸即裱纸，它可以起到加固书页，并延长古籍寿命的作用，但是，裱过的书页会变得厚挺，失去纸张原有的韧性，只适用于破损严重、焦脆和纸张糟朽的古籍。

托裱时要注意，书页碎片过多时，先用毛笔蘸水抹平再刷糨糊，刷糨糊力量要轻，以免操作中造成书页损伤错位。

拆开书页，备裱纸、水糨糊和常用工具及一张略大于书页的塑料膜。将书页展开背面向上放于塑料膜上，用羊毛刷清扫书页杂质和灰尘，再用镊子展平卷曲的位置。

排笔蘸水糨糊，自里而外向四周均匀刷糨糊，刷满书页后用排笔赶出气泡。检查书页是否展平，再用镊子捡去书页上的刷毛，擦掉书页外多余的糨糊。

将背纸一侧覆盖在书页上，再用棕刷依次轻轻刷平裱纸，排实书页后背纸四边涂抹糨糊。拎起上墙取下塑料膜。待书页晾干绷平后用竹起子取下，最后裁齐折页。

古籍揭裱是将古籍书页和背纸分离的过程，糨糊是两者的黏合剂，揭裱也就是纸张和糨糊的分离。主要技法是闷，因为使用的糨糊里含有大量水分，给纸张喷水把糨糊闷透，再用镊子慢慢揭去背纸。揭裱过程中可以反复喷水，多借助于工具，如果书页纸张太薄或质地较差要谨慎揭裱。

4. 书页清洗

书籍在查阅、保存、运输等过程中，会遇到自然或人为因素导致的污损，如水渍、油渍、墨渍、茶渍等。污渍不仅破坏了古籍原状，还影响了古籍自身的价值，甚至有的直接影响古籍的寿命。由于纸张本身的特性，也可以对纸张书页的污渍进行清洗。书页洗污也要根据污渍轻重情况采用不同的清洗方法。

（1）沸水洗污

将水烧开，然后把书页放在吸水纸上，毛笔蘸开水在污渍处涂刷，只涂刷有污渍的地方，过程当中要保持水的温度。经开水涂刷后污渍会变淡，这时不仅要给整张书页喷潮还要将吸水纸进行替换，以免出现新的水渍。

（2）碱水洗污

碱水洗污适合污渍严重的书页，把开水倒入水槽内，开水和碱的比例是 5∶1。取书页 5 页左右，摆整齐后上下铺垫吸水纸，缓慢放入水槽内，用羊毛刷依次按压书页，轻轻挤压出污渍，充分清洗后慢慢取出书页放置竹帘上，再用清水缓缓冲洗两次洗掉残留碱水，最后将书页放在吸水纸上进行反复倒页，再做压平处理。

（3）化学洗污

随着修复事业的发展，化学洗书已有很多种方法。常用材料有碱、草酸、高锰酸钾、漂白粉、双氧水等，这些材料都会对纸张纤维造成损伤，削弱纸张本身的坚固性，所以化学洗书只适合纸张坚固的书页。洗过后必须用清水将化学物质冲洗干净。首先将高锰酸钾和草酸分别进行稀释，用羊毛刷先在书页上涂刷高锰酸钾，待颜色褪去后再刷草酸，再用缓慢的水流冲洗掉残留，最后吸水倒页。

（4）霉斑处理

霉斑是古籍受潮后由于空气不流通造成的，大多以暗黄色、褐色、黑灰色、暗红色呈现，这些色素附着于书页上并遮挡住文字，有的渗入纸张纤维里，影响书籍的整洁并侵害着古书。它比水渍更加顽固，可根据霉斑的轻重用不同方法去除或抑制。

干拭法适用于书页表面附着的霉点，用棉签轻轻擦拭，也可蘸一点酒精擦拭。软毛刷也可以刷净表面，但动作一定要轻。如果霉斑渗入到纸张纤维，可以用软橡皮擦拭，或用不粘手的面团来回轻轻滚擦。如果无法清除再用以上化学洗污的方法进行局部消除。但前提是书页纸张一定要牢固。

### （四）古籍衬、镶

**1. 衬**

古籍衬纸是常见的一种形式，古人也采用衬纸的技法，衬纸适用于书页过薄容易透字的古籍，书页页码较少、补孔过多和纸张老化也适于衬纸法。衬纸就是在书页夹层中衬入素白纸张，纸张多用宣纸，衬纸后书页变得挺括、字迹清晰，装帧也美观，同时还延长了古籍保存和使用年限。古籍衬纸分为筒子衬、半衬（也称单衬），要根据古籍自身情况和纸张情况而定。

筒子衬：首先选好合适的宣纸，裁成略大于书页为宜，根据书页页码进行备料以免浪费。裁好后将纸张对折，折痕要平整清晰，然后将书页打开，将对折好的宣纸衬入书页夹层中。按顺序摆放整齐后稍稍给书页喷水，将书口处蹾平，最后放入压书器等待压平后装订。

半衬：半衬也叫单衬，就是将半页衬入书籍夹层中，这种衬法省工省料，不仅省去了折页的工序也节约了纸张，操作方法和筒子衬基本相同。单衬适用于书页较厚或册数较多的古籍。

**2. 镶**

镶指的是金镶玉，因古籍书页发黄镶上白纸后，就像黄金镶上白玉而得名，南方也称"惜古衬"。金镶玉是自古至今延续使用的装帧形式，镶出的部分都是新纸，不仅使书籍外貌焕然一新，还使古籍书页不易损坏，起到有效的保护作用。金镶玉装帧的书籍在天头、地脚、书脑处三面都有衬纸接出，会加大书籍原本的尺寸，所以在制作时费工费料，由于装帧形式特殊，金镶玉适合开本较小的古籍，和书页有文字批注不能裁切的古籍。

修补书页：其中包括溜书口，将书页压平，修补处剪齐，书口锤平。书口锤平时书页不宜过多，书页上下都要垫纸以免伤书，放于石板后一只手按住书页，一只手用锤子轻轻锤平书口厚的位置，注意锤头要垂直书面，轻捶两遍后将书页翻面再次锤平，力度可逐渐加大但要掌握分寸不要伤书。

选纸下料：要求镶料纸的薄厚和书页一致或接近，一般选用单宣、棉连，下料时镶料的尺寸要根据书页尺寸和天地 3∶2 的比例来定，尺寸也可适当加大。定好尺寸后根据页码数量开料即可。

扎眼：将纸张蹾齐铺平，取一页书页按照 3∶2 的比例放在纸张中心，左右尺寸相等，确定位置后在书页上压重物，再用针锥在书页四角处扎眼。

铺书页：扎眼后将重物移至天头处，取走书页。将纸张从地脚处向上翻起，留最底下一张不翻，按照书页顺序将最小页码（即第一页）正面向下放在纸张扎眼位置，书页四角必须和扎眼位置对齐，一只手按住书页另一只手将纸张翻下来，再放下一张书页，以此类推。书页全部铺好后再将重物移至中心。

折边：折边就是将纸张余边向里和书页对齐，也是从最下面一张折起，纸张要对齐书页不留空隙，并且折痕要清晰。要先折天地部分，天地折好后用剪刀在书脑余边1/2处剪开（两头都要剪开）再折书脑部分。

折书页：余边折好后将纸张和书页（沿书页旧折痕）一同对折。为防止折页时书页移动，首先要在书脑最边缘点一点点干糨糊，对折时双手要从书脑处开始慢慢对折，折痕部分轻轻按压直到折平。全部折完后双手捏住书口附近将书页蹾平，将重物压在书口处，再用针锥将点过的糨糊挑开，完毕后蹾齐书口上压书器压实。

## （五）装订

装订看似是最后的工序，但里面也包含了很多内容。装帧形式虽有很多种，但古籍的装订顺序都大致相同。要经过齐栏、打眼、包角、上封面、订线等步骤，在装订前还要注意的是检查书页顺序，以免出现书页颠倒和页码错乱。

### 1. 齐栏

齐栏是将书页下脚位置的黑色栏线对齐。将古籍散页排好顺序后放在订板上，先蹾平书口，用左手按住书口一端，右手调整书页把栏线一页页拉齐，将书口再次蹾齐，放平后将栏线进行微调，栏线呈直线状态后，压上重物以免错位。

### 2. 加护叶

护叶也称副页，即书页前后的空白纸页，护页的纸张和颜色都和书页一致，作用也是保护书页不受损伤，护页的数量一般为两到三张，根据具体情况而定。

### 3. 钉纸捻

纸捻也叫纸钉，皮纸最佳，分丁头和双头捻两种，它连缀整册书籍并发挥很重要的作用。纸捻比丝线寿命要长，即使多年后订线断开书页也不会散，起到真正固定书页的作用。使用时先在书脑位置订眼，然后纸捻尖的一端

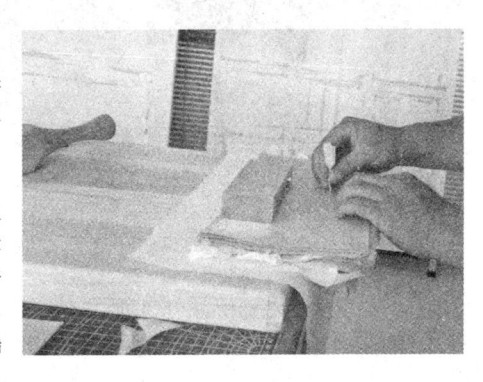

从订眼处穿过、拉紧，再用木锤敲平。

丁头捻——将纸条剪成 5 厘米 ×4 厘米左右的长方形，斜剪去一角呈梯形，将短的一端折起捻成绳状，顶端自然松开保持原状。丁头捻一头尖适合普通古籍装订使用。

双头捻——将纸条剪成约 12 厘米 ×4 厘米左右的长方形，斜剪两头再中间两次对折，捻纸条两头中间保留 2 厘米不动。双头捻两头尖并双根穿进，可以打结比较牢固，适用于毛装金镶玉装。

4. 裁书

古籍在上封面之前要进行裁切，尤其是托裱、衬纸和金镶玉的书页，首先在护页上用铅笔画出裁切线，马蹄刀或美工刀一定要锋利，裁的过程中刀片与书页要保持约 35 度角，每次下刀不要太厚，要逐次裁切。如果装订册数较多也可使用机器裁切，裁切时要在书面上垫硬纸板，不然会留下压痕损伤书页。

5. 订眼

订眼就是找到书籍订线位置的锥眼再用钢锥订穿，线装书一般分四眼、六眼，订眼多少可依书籍情况而定。根据书籍尺寸确定订眼位置，在不改变装帧的情况下可以使用原来的订眼。

用一张长方形纸条，在一端折出一个直角三角形。在直角处按设定距离扎眼。将直角对齐书背，用针锥依照扎眼位置对书页扎眼。

再将直角反过来对另一侧进行扎眼。

将书放置订书板上，中间压上重物。左手拇指与食指扶稳钢锥，其他手指支撑书面保持平稳，用锤子敲击打眼即可。

6. 包角

一般珍贵古籍装潢比较考究，使用高档绢、绫等丝织品做封面和包书角，包角不仅美观还有效地保护了古籍，但包角也要根据书籍情况，金镶玉的书籍，包角部分都是新纸比较适合包角，原装古籍书角易出现磨损就不适宜包书角，而且包新书角也显得很不协调。由于包角会使用较多糨糊，容易遭虫啃食。

测量包角尺寸，根据第一个订眼位置，测量订眼至书背和订眼至书根的距离，两个尺寸相加就是包角尺寸的长度。宽度一般是书籍厚度的 1 倍，可根据厚度增加。确定尺寸后下料。

裁一条和书角宽度一致的小条，贴在隔板上做样尺。然后在包角纸上均匀抹上干糨糊。将书背放在样尺上对齐，包角纸贴在书籍下面和样尺对齐，用拇指将包角纸提上来包裹整个下角，注意用手捏实书页再拉紧包角纸。

最后再用针锥推平包角纸，挤出多余糨糊并修整书籍棱角。

7. 上封皮

古籍封面也称书衣，在书籍的最外端直接起到了保护古籍的作用。人们俗称前面的为封面，后面的为封底。多以瓷青、栗色为主，封皮纸要和宣纸一起托裱后使用。有的还使用绢、绫等丝织品，还有的用蜡笺、洒金等各种笺纸做封皮。根据书籍情况选用，适宜为好。上封皮要注意保持封面清洁，表面要平整不要出现折痕。

筒子皮——筒子皮制作相对省事，但比较费料。封皮纸要比书页略大方便裁切，首先将封皮纸对折，在订眼处抹上干糨糊，封皮折痕部分对齐书口用手压牢，粘牢糨糊部位后再松手。粘好封皮后用美工刀裁齐，顺势将封皮上的订眼孔扎透（给订线提供方便）。然后再上另一面封皮。

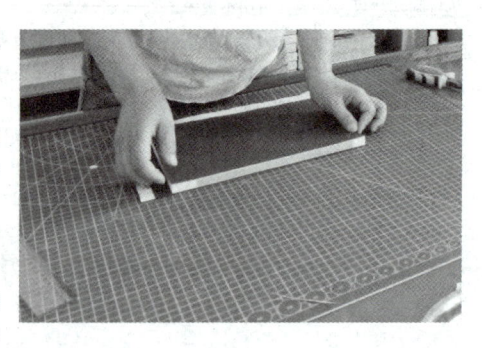

单皮——单皮即是单页，比较省料，特点是在书口处有向内的折边，先将封皮一侧折出小于1厘米的小边，在小边上抹上糨糊，对齐书口后把糨糊压实粘牢，然后在订眼处抹上糨糊，粘牢后三面裁齐。

扣皮——扣皮也是单皮，特点是四边都有折边。首先将封皮折出小边和书口粘牢，根据书籍的裁切边轻轻按压出书背的折边线，然后折边压实，再分别折出天头和下角。折完后四角会出现重叠，用剪刀剪成斜角剪口，再给折边粘上糨糊即可。

8. 订线

订线是线装书的显著特点，线装是最常见的古籍装帧形式，也是中国古代书籍装帧发展的最终形态。书籍的装帧形式与书籍的制作材料和方法有密切关系，从古代的简策到卷轴装、龙鳞装、经折装、蝴蝶装、包背装、线装等各个形式，都是生产的发展和书籍材料与制作方法的变迁。装帧形式的不断演化始终是为了使用的方便，最终保留下来的就是最实用最理想的。线装书采用丝线，一般都用双线平行法装订。

四眼装订用线长度是书的七倍。六眼装订用线长度是书的八倍。

9. 贴签

书签是古籍的一个重要组成部分，书签不仅对古籍起到了装饰作用，而且书签上还保留了很多关于书籍的重要信息，书签的内容会使整册书籍的信息一目了然。古籍在保留有原签条的情况下，还要使用原签条。

宣纸和仿古色宣纸裁成一大一小的签条，大签条长度约为书籍的三分之二，宽度约为2~3厘米（可根据书籍尺寸适当增减），小签条四边要比大签条尺寸小约0.2毫米。

（六）书函制作

古籍书函也叫函套，它是古籍的外衣与古籍直接接触，很多都是与古籍一起诞生，一起经历了岁月变迁，已成为古籍不可缺少的一部分。函套具有防虫、防尘、防光的好处，对古籍保护起到关键性作用。另外更重要的是，古籍函套上的签条保存了很多古籍相关内容的珍贵信息，和藏书人的个人信息。

函套分四合套和六合套（也叫云套），南方由于天气潮热多使用夹板。函套组成部分依次有面板、前墙、底板、后墙、内板。制作需要的工具材料有：蓝布、骨签、灰纸板、糨糊、美工刀、直尺、刻刀、剪刀、锉刀、锤子等。

测量书籍尺寸，除测量长和宽以外还要测量高度，书籍高度的测量要取书口和书背的中间值，注意测量高度时书口和书背位置要轻轻向下按压，也不能压得太实，力量适中就好。

根据测量尺寸裁灰纸板下料，裁料时长度不变宽度要加上纸板的厚度，例：书籍尺寸是20厘米×13厘米，灰纸板厚度是0.3毫米，面板裁料尺寸就是20厘米×13.3厘米。裁好后将灰纸板折起对接的位置用锉刀锉出45度角，面板和内板的外侧保持原状。擦干净纸板灰尘备用。

剪一块比书函整体稍大的蓝布，蓝布四边尺寸比书函大出约2厘米。再剪六条3厘米宽的小布条，然后抖掉布面线头或灰尘，用棕刷在布面上均匀刷上稠糨糊。

在面板外侧粘一条和面板长度一致的小纸沿（即宽度约1厘米，厚度约0.2毫米的硬纸条），然后按顺序依次将裁好的纸板排列好，再将蓝布双手提起盖在纸板上，再用棕刷排实蓝布，贴纸沿的地方要沿纸沿轮廓刷平，排实后将纸板和蓝布一起翻面，在纸板连接处贴上蓝布条再排实。在洁净处晾干，也可以在半干时做压平处理。另外两个布条刷上糨糊后两侧向里对折，做成别带备用。

书函压平后，在贴纸沿处的两头约4~5厘米处用刻刀打穿，和别带宽度的尺寸相等，剪相等两根别带（长度应是后墙宽度的2倍）各串上骨签，注意骨签的方向，别带对折后平行塞进孔内，调整好位置后用锤子敲平。

将书函折起，在骨签上下两端用铅笔画好两条打眼的标线，再展开书函用刻刀打穿一条标线后穿过扣带一端，再用刻刀打穿另一标线再穿进扣带另一端，留出穿骨签的缝隙，再用锤子敲平。剪掉别带和扣带多余部分，再用美工刀挖平高出的位置，使其与纸板保持同一高度。

宣纸托裱后按尺寸裁切，比纸板四边小0.5毫米，排刷刷上糨糊后贴于函套内侧，注意要参照纸板边缘以防贴歪。最后在沿纸沿处贴上签条，晾干即可。

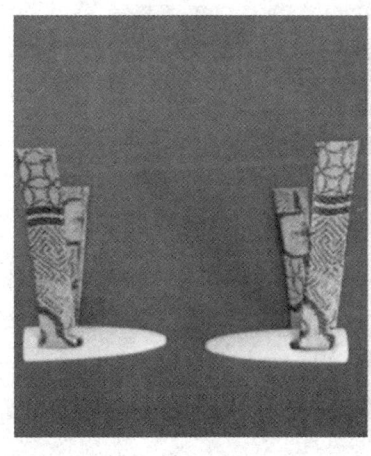

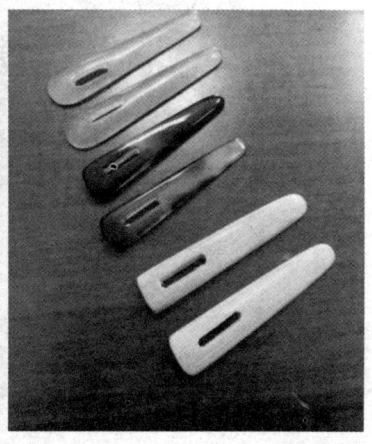

备注：本章内容请参考文化部制定的《古籍修复技术规范与质量要求》。

# 第四章　书画简史

## 一、原始时代的书画

中国书画历史悠久，源头可以上溯到有文字记载之前的原始社会。在第二章中我们曾经提到，图画是文字的前身。先民们最早把他们的思想、感情、信仰和生活记录在石器、陶器、玉器、岩画上，给后人留下了广阔的解读空间。下面从三个方面来考察：陶器上的绘画、岩画、地画。

### （一）彩陶上的绘画

迄今为止，我们能看到的中国最古老的绘画，是新石器时代的彩陶纹样。我们不难发现由写实的、生动的、多样化的动物形象向抽象的、符号化的几何形象演变这一总的趋势。

从彩陶纹饰的描绘方式上，可见当时的绘画技法已经相当熟练。从几何图案向帛画、笔画发展，是中国绘画成熟的脉络。彩陶装饰纹样中连续、反复、对称、均衡、多样统一等形式美法则已被熟练运用。直到今天，工艺美术家也不得不对彩陶装饰纹样的丰富变化和美的魅力表示叹服。

### （二）岩画

岩画是古代描绘或摩刻在崖壁石块上的图画，被称作记录在石头上的史书。中国是世界上岩画分布最广、内容最丰富的国家之一。根据内容及风格，大致划分为北方、西南、东南沿海三个系统。

1. 北方系统的岩画

多表现狩猎、游牧、战争、舞蹈等，内容以动物为主，风格较写实，技法大都是岩刻。包括内蒙古阴山岩画（图1-1）、宁夏贺兰山岩画、新疆天山岩画等。

2. 西南系统岩画

内容以人物的活动为主，特别是宗教活动，技法以红色图绘为主。包括云南沧源岩画（图1-2）、广西花山岩画。

图1-1　宁夏贺兰山岩画、新疆天山岩画

图1-2　西南系统岩画

3. 东南沿海系统岩画

多与古代先民们的出海活动有关，内容以抽象的图案为主，都采用凿刻的技法。江苏连云港将军岩画是其代表（图1-3）。

中国岩画研究专家陈兆复先生对中国岩画的艺术特色进行了概括：采用平面的造型方法，画面采用垂直投影法，突出物体的正面显示，视线与对象最富特征的面保持垂直。物体的结构无细节刻画，大都不画五官，却能显示出活跃的生命力，其中以动物形象尤为生动。这种原始形态的艺术特征，将对生活敏锐的观察力和艺术上粗犷手法浑然一体地结合在一起，这也是岩画至今仍有其生命力的原因。

图1-3 东南沿海系统岩画

（三）地画

在甘肃秦安大地湾遗址，发现仰韶文化晚期的一幅地画（图1-4）。这幅画纵约1.1米、横约1.2米，用黑灰在白灰地上绘制，具有原始社会朴实简练的绘画风格。它将中国绘画最早的实物资料年限提前到了5000年左右。

图1-4 地画

## 二、夏、商、西周、春秋时代的书画

### （一）绘画

相传孔子参观周的明堂，见到壁间画有"尧舜之容，桀纣之像，而各有善恶之状"。说明当时绘画已经从作为器皿物装饰的束缚中解放出来，取得了更具独立意义的形式。但夏、商、周三代的绘画，仅见于文献记载，我们只能通过彩陶和青铜器上的装饰绘画，来了解这一时期的绘画状况。

1. 彩陶上的装饰绘画

河南偃师二里头遗址，发现了刻有鱼、龙、蛇和人像的陶器。这些形象造型夸张生动，线条的运转刚劲有力，有绘画感，又具有装饰意味。从整体上表现出上承原始时代、下启商周时代绘画的特点。1974年，在内蒙古敖汉旗大甸墓地中出土了200多件保存着较为完整的彩绘的陶器。陶器黑底，彩绘纹饰多是红白两色。多数纹饰以复杂的卷曲线条构成多种二方连续的单元。在整个器物画面的分割布置以及主辅纹饰的配合等方面，都显示出与商周青铜器的图案有密切的联系。图2-1所示的"彩绘陶鬲"就是二方连续的3组纹饰，中心纹饰以白色画出主纹，以红色勾勒填ցյ，相当精美，陶鬲口沿的辅助纹饰是卷云纹，构图完美。

图2-1 彩陶上的装饰绘画

2. 青铜器上的装饰纹样

商代青铜器上流行饕餮、夔龙、夔凤等幻想的神话动物装饰，饕餮纹布置在主要装饰面上，夔龙、夔凤则在次要装饰面上。青铜器上也有蛇、牛、虎、鹿、蝉等现实的动物纹样，还有重复排列的四瓣纹、涡纹及不规则的云雷纹。这些纹饰，神秘、庄严、奇诡而又狰狞。在春秋时代的青铜器上，出现了反映现实生活狩猎、战斗、宴饮等题材，这些题材为战国秦汉所继承，并延续了很长的时间。

（二）书法

书法是以汉字为表现媒介的平面造型艺术。中国书法以其独特的表现形式和艺术魅力成为中华民族特有的艺术门类和审美对象。

新石器时代出现在彩陶上的记事符号，既是汉字的原始形态，也是书法艺术的雏形。殷商甲骨文的发现，说明至少在 3000 多年前，我国就有了较为成熟的文字及其书法艺术。先秦时代的文字，主要是甲骨文和金文，就书体而言，它们属于大篆。已发现的甲骨文有的属于殷商时期，有的属于西周时期。金文中，较为重要的作品有"大盂鼎""毛公鼎""虢季子白盘""散氏盘"等。

1. 甲骨文

甲骨文是古汉字一种书体的名称，也是现存中国最古的成体系的文字。它刻在龟甲兽骨上，盛于殷商。从书法角度欣赏，已经完全具备了章法、结构、用笔等主要构成因素。如图 2-2 现藏中国国家博物馆的一片商武丁时期（公元前 13 世纪—公元前 12 世纪）的牛胛骨，上面刻有多达 128 个字，内容与祭祀、狩猎有关，刀法灵秀，奇趣丛生。除了所使用的工具材料的客观规定之外，不能完全否认书者的主观审美趣味和"书法意识"。

2. 金文

金文是中国书法史上的又一座丰碑，指青铜器上铸刻的文字。从内容上说，金文多与歌功颂德和记事有关。线条较之甲骨文更为粗壮圆浑，文字的象形意味十分浓重。

图 2-2 甲骨文

金文和甲骨文属于同一个体系的文字，在殷商晚期（公元前 14 世纪—公元前 11 世纪）业已成熟，如"戊嗣子鼎铭""后母戊大方鼎铭"。周代是金文的黄金时代，出土铭文最多。西周中期，长篇金文更为普遍，如"永盂铭""狮虎簋铭"，其大篆书也更显圆匀挺秀。至西周晚期的"散氏盘铭"（图 2-3）"毛公鼎铭"（图 2-4）"虢季子白盘铭"，金文抵其巅峰，古奥浑朴，凝重大度。至春秋战国，在周代金文基础上，诸侯各自独创自己地方色彩的书法，如"越王勾践剑铭"中的"越王勾践，自作用剑"，字体修长，颇具装饰和夸张意趣。

图 2-3 金文

图 2-4 毛公鼎

## 三、战国、秦、汉时期的书画

### （一）绘画

从文献记载看，战国秦汉时期的绘画是很发达的。古代典籍中记载"木衣绨绣，土被朱紫"是对秦咸阳宫壁画的生动再现。汉代各代帝及地方衙署也多作壁画。壁画之外，汉代也多人物肖像。汉元帝时期的宫廷画师毛延寿丑化王昭君的故事流传至今。贵族的屏风上也多有人物绘画。可惜的是，这些宫廷壁画与绢帛、纸上的绘画大多随时间的流逝灰飞烟灭。我们今天要通过考古发现的壁画、帛画、画像石和画像砖来研究该时期的绘画艺术。

#### 1. 壁画

战国时期室台榭壁画已经无迹可寻。秦代宫殿的规模巨大，壁画是其装饰的首选，目前能见到的仅是项羽焚烧之后的咸阳宫残壁画。

秦代绘画实物至今罕见，20世纪70年代中期，在咸阳宫3号宫殿遗址发现装饰壁画的残壁就显得尤为珍贵。依稀可辨绘有《车马图》《仪仗图》和《麦穗图》等。《车马图》（图3-1）壁画以平涂为主设色，飘逸轻灵的线条勾勒出奔跑中的马匹马蹄交错、车轮滚滚，强秦不可一世的气度显现其中。

图3-1 车马图

#### 2. 帛画

汉代帛画很多。帛画指古代绘在丝织品上的图画，在缣帛上作画，笔画流畅，易于携带和收藏，是卷轴画的前身。我国已知最早的缣帛画是战国楚帛画。

出土于湖南的战国帛画《人物龙凤帛画》和《人物御龙帛画》，经考证都是描绘灵魂升天的主题。二图均是剪影式全侧面的造型，以墨线勾画，精细绵密，标志着中国传统人物造型技法的正式成熟。

中华人民共和国成立后陆续发现的西汉帛画实物资料有湖南长沙马王堆帛画和山东临沂金雀山帛画等为数不多的几件珍品。1972年长沙马王堆1号利仓之妻墓出土了"T"形帛画（图3-2），1973年同一地区3号利仓之子墓也发掘出"T"形帛画以及车马仪仗图及一些帛画碎片。"T"形帛画汉代称之为"非衣"，是送葬出殡时用的"魂幡"，有引魂升天之意，最后覆盖在棺材上。1号墓帛画绘制更为精彩。这件"T"形帛画上宽92厘米，下宽47.7厘米，长205厘米，画分为上中下三层，描绘天界、人间和冥界。这幅作品集生动的形象、丰富的内容、精妙的技法于一身，实在是令人叹为观止。

图3-2 马王堆T型帛画

马王堆帛画创造了重彩画形式，这是对中国人物画的重大贡献。整幅帛画以暖色调为主，较多地使用了红、黄、赭等色，间隔施白粉，色彩浓烈多变，富丽华贵。西汉帛画用矿物颜料为主，因此保持了原来的色彩效果。这几幅西汉帛画的出土，填补了汉画的空白，它所达到的艺术成就又影响和造就着后世的艺术家。

3. 画像石与画像砖

汉代盛行厚葬。汉初统治者热衷于神仙传说，"死即再生"的观念，于是墓室成了生前环境的缩影。加之"独尊儒术"，提倡"孝道"，为了博得"孝子"的美誉，人们大都集中人力、物力和财力，打造先人的墓穴，"事死如事生"。墓室壁画艺术在厚葬风气中应运而生。

画像石、画像砖是古代门楣、石窟、祠堂、墓室、棺椁等的石刻饰画。约兴起于战国晚期，盛行于汉代，三国两晋南北朝时继续流行。画像石、画像砖虽以砖石为质地，但构图与造型都是绘画式的。与屈指可数的帛画相比，汉代画像石、画像砖数量较多，迄今馆藏数不少于1万。

汉代墓室绘画题材大致可以归纳为四类：

（1）原始神仙世界的畅想

商周青铜传统里具有想象力的动物人格神灵在汉代墓室绘画里得到了张扬，风格活泼生动，不再神秘威严。伏羲女娲、后羿射日、嫦娥奔月、西王母、朱雀、玄武、青龙、白虎、灵鸟神兽等构成了一个奇异浪漫的王国。画像石"神兽与羽人画像石"（图3-3）、河南洛阳邙山南麓卜千秋墓壁画"朱雀图"是这类题材的典型代表。

（2）羽化升仙、驱疫逐邪的渲染

墓室壁画、覆盖棺椁的铭旌帛画、画像石、画像砖，大都要描绘墓室主人

图3-3 画像石与画像砖 原始神仙世界的畅想

图3-4 人物龙凤帛画

灵魂升天的情景，以及伴随着灵魂升天的种种巫术礼仪，作为沟通天人世界的中介环节，同样散发着浓郁的神仙思想。如长沙战国楚墓出土的"人物龙凤帛画"（图3-4）和"人物御龙帛画"，都是墓室主人在龙凤引领下升天的景象。辽宁营城子汉墓壁画也有类似场面。当然最典型的是西汉长沙马王堆1号墓的"T"形帛画。

（3）历史故事、古圣先贤的颂扬

汉代尊崇儒家的伦理道德观念，注重从历史事件中汲取经验教训，因而宣传儒家忠孝节义观念的历史故事和古圣先贤的画像也成为绘画的主要内容。历史故事如"周公辅成王"的故事，在画像石上多有表现（图3-5）。

图3-5 周公辅成王

（4）世俗生活、自然环境的描绘

在壁画和画像砖艺术中，有大量篇幅是对现实生活的直接描写。出行、征战、宴乐、百戏、庖厨、农桑、冶炼等，无所不包，具体而微的再现了汉代生活的方方面面。

## （二）书法

先秦两汉是中国书法的第一个阶段。前面我们曾介绍了属于篆书的甲骨文和金文，在这一部分，选取石鼓文、泰山刻石、汉隶碑刻作典型介绍。

### 1. 石鼓文

石鼓文（图3-6）是春秋战国时期的石刻文字，刻在10块圆鼓形石上。其文字内容为歌咏秦国国君田猎之事。在字体上，它是秦始皇统一文字前的大篆向小篆过渡的字体。唐代诗人杜甫、韦应物、韩愈都曾写诗歌咏过它，使其声名远播。直到现代，对石鼓文的研究还是考古、书法两大学科中的热点。石鼓文的书法字体多取长方形，线条圆润流畅，饱满挺拔，结体和章法较之金文更加规范和具有法度，端庄凝重。历代书法家大多从石鼓文汲取养分。清代吴昌硕对其情有独钟，临写不计其数，形成既有上古遗风又有个人特点的书风。

图3-6 石鼓文

### 2. 泰山刻石

秦始皇统一中国以后，在全国范围内统一文字，世称"书同文"，大篆为法定文字小篆所取代。作为当时统一文字的小篆，其书法的规范与端庄秀雅也令人欣赏。秦小篆以相传为李斯所书的"泰山刻石"为代表。"泰山刻石"（图3-7）是公元前219年秦始皇封禅泰山时所立。原石四面，三面为秦始皇刻辞144字，一面为秦二世胡亥刻辞，共79字。两次刻辞均为丞相李斯所书。刻石原立于泰山之顶，几移其所，今存于泰山脚下岱庙之中，仅余9字。泰山刻石的书法是规范小篆的代表作，结构上继承了石鼓文，但比石鼓文更加简化和方整，线条圆润流畅，疏密匀称，给人以端庄稳重的感受。泰山刻石以其极高的历史价值、书法价值，成为人们研究帝王封禅史和秦代"书同文"的珍贵资料。

### 3. 汉隶碑刻

汉代是中国书法艺术光辉灿烂的时期。继篆书之后，隶书作为一种成熟的书体登上了书法艺术的大雅之堂，"礼器碑"（图3-8）"史晨碑""曹全碑""张迁碑"等碑刻代表了汉隶的最高成就，这四块碑并称为四大汉碑。这些隶书都以称作"蚕头雁尾"的波笔捺脚为主要标志，但又各具特色。晋唐以后，虽然行、草、楷相继盛行，而隶书不废，说明汉隶具有强大的艺术生命力和很高的审美价值。

图3-7 泰山刻石　　图3-8 礼器碑

### 四、魏晋南北朝书画

魏晋南北朝是一个大动乱的时代，战乱饥荒绵绵不绝，"白骨露于野，千里无鸡鸣"，但也是中国历史上一次思想解放的时期，宗白华先生将它与西方的文艺复兴相提并论。当时社会上老庄哲学盛行，人们崇尚清谈，玄学由此兴起，道教也逐渐形成，西汉以来独尊的儒术受到有力挑战。在这种情况下，从东汉就传入中国，宣传"忍让""彼岸世界"的佛教，此时找到了生存的土壤。儒释道思想相互消长，重叠交错，不同文化的冲撞交合，也带来了绘画和书法艺术的空前繁荣。

**（一）绘画**

在继承汉代绘画的基础上人物画有了新的发展，注重传神，以线条为造型基础的方法不仅贯穿艺术实践始终，而且进一步提高到理论高度予以充分肯定。绘画题材范围扩大，除了两汉以来流行的忠臣、孝子、烈女、神话传说和祥瑞等传统题材以外，出现了不少表现"魏晋风度"的人物画，以文学作品为题材的创作也趋于成熟。第一批有可靠记载的知名画家是从三国两晋开始的，专业画家在画史上有了较详细的记录，如误笔成蝇曹不兴、画龙点睛张僧繇等，中国绘画史从此与绘画大师的名字紧密联系在了一起。艺术家在总结实践经验的基础上，提出了一些影响深远的绘画理论主张，如顾恺之的传神论、谢赫的六法论等。

顾恺之成名的时期在东晋中叶，真迹今已无流传，只有若干流传已久的摹本，其中最精美的"女史箴图"（唐代摹本，现藏于英国伦敦大英博物馆）、"洛神赋图"（宋代摹本，图4-1，故宫博物院）和"烈女仁智图"（宋代摹本，故宫博物院）都很能说明顾恺之时代的画风和艺术水平。他在自己的绘画实践基础上，总结出了绘画的艺术价值在"传神"而非"写形"的绘画理论主张，提出了"迁想妙得""以形写神"等绘画方法。在顾恺之之前，中国还没有一篇正式的、完整的画论，因此顾恺之成为中国绘画理论的奠基人。中国绘画以"传神论"为起点，形成了一个完全不同于西方古典油画写实风格的水墨画体系。

图4-1 顾恺之《洛神赋图》

**1. 山水画的兴起**

魏晋时期，人走向自然，与山林为伴，于是陶渊明、谢灵运作品为代表的山水诗应运而生，而南朝刘宋时宗炳《画山水序》及王微《叙画》是中国现存最早的关于山水画的著作，此时也是中国绘画的重心由人物画转为山水画的一个重要转折时期。从此，山水画真正开始脱离原来依附于人物画的地位逐渐成为一门独立的画科。

从《女史箴图》《洛神赋图》中的衬景山水，我们可以看到，作为山、兽、林、鸟却结合得很完美。尤其是用线条表现山石不同的面，利用俯视的角度来表现辽阔的山川，这些后来都成为中国山水画的基本表现技法，尽管这种表现还非常幼稚。

**2. 画论**

东晋以来，系统的绘画理论著作接连问世，建立起中国绘画理论的雏形。

顾恺之的《论画》《魏晋胜流画赞》《画云台山记》3篇画论，见于唐代张彦远《历代名画记》的转载。《魏晋胜流画赞》中提出"以形写神"，强调"传神"，《论画》中提出"迁想妙得"，"迁想妙得"是对绘画审美活动和艺术构思特点最早的概括，后来成为中国绘画的一个重要的美学原则。

宗炳（375—445年），南朝刘宋时期有名的"高士"，将游历所见景物，绘于居室之壁，自称："澄怀观道，卧以游之。"他晚年所作的《画山水序》是中国历史上第一部专门论山水画的"理论著作"。文中提出了山水画艺术"以形媚道""畅神"的功能观，即认为自然山水形象能给人精神的愉悦和美的享受。"畅神说"强调自然与精神的融合，丰富了中国绘画的理论体系。此文还论及了有关山水画的透视及具体表现技法等问题。"竖画三寸，当千仞之高，横墨数尺，体百里之迥。"论述了远近法中形体透视的基本原理和验证方法。

谢赫（479—502年），南齐著名人物画家和理论家，擅长肖像和仕女画。他著述的《古画品录》是探讨人物画理论为主的专著，在画史上享有不朽的声誉。《古画品录》是一部品评论的绘画史籍，提出了品画的艺术标准"六法论"，"气韵生动，骨法用笔，应物象形，随类赋彩，经营位置，传移模写"，对后世中国绘画的理论与创作产生了不可磨灭的深远影响。

## （二）书法

魏晋南北朝是书体演变过程中的重要时期，各种书体竞相发展，创立了行、草、楷书的规范。至此，篆、隶、草、行、楷诸体齐备，各立门户。钟繇、王羲之父子的出现，揭开了中国书法史新的一页，树立了楷、行、草书的典范。

按照乾嘉时期学者阮元的观点，中国书法可分为"帖学""碑学"两大系统，也称为"北碑南帖"。

1. 帖学

（1）钟繇"宣示表"

钟繇（151—230年），三国魏书法家，颍川长社（今河南长葛）人。他是一位具有创新精神的杰出书法家，历史上将他与"书圣"王羲之并称为"钟王"。其正楷书法独步当时，被奉为"正书之祖"。"宣示表"帖（图4-2）也因此在书法史上具有划时代的意义。其传世书作真迹已无存。今传临摹本，字体端正古雅，整体略呈扁形，充分表现了魏晋时代正走向成熟的楷书的艺术特征。此帖风格直接影响了"二王"小楷面貌的形成，进而影响到元、明、清三代的小楷创作，如赵孟頫、文徵明等。

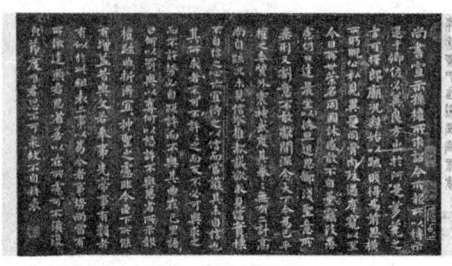

图4-2 钟繇"宣示表"

图4-3 陆机"平复帖"

（2）陆机"平复帖"

陆机（261—303年），吴郡吴县华亭（今上海松江）人，出身名门，吴亡后入晋，官至平原内史、前将军，后为司马颖所杀。其"平复帖"是我国现存名人书法的最古墨迹。此帖历经沧桑流传下来，堪称稀世奇珍，1956年由著名收藏家张伯驹先生捐赠给故宫博物院。"平复帖"（图4-3）是陆机写给友人的问候信札，因其中有"恐难平复"字样而得名。字体似篆似籀，笔法质朴老健，笔画盘丝曲铁，结体茂密自然，富有天趣。诸草圣皆从此帖受益，它对后世许多重要书家产生了不可忽视的影响。

（3）王羲之

王羲之（321—379年），字逸少，东晋琅琊临沂（今山东临沂）人。他出身名门望族，曾任江州刺史、会稽内史、右军将军等职，人称"王右军"。他书法精绝，为我国历史上最著名的书法家，有"书圣"之称。书法史上的所谓"二王"帖学派系，即出自王羲之与王献之父子二人。

王羲之的书法，一改汉魏质朴书风，备受后人推崇，被誉为天下第一行书的"兰亭集序"（图4-4）就是最好的例证。他的用笔与结体、章法极具变化而又极为和谐，字里行间充分表现出他潇洒飘逸、超越自然的风度。只可惜这样一件书法珍品，到了唐太宗手里，他爱不忍释，临死时竟命人用它来殉葬。我们今天能见到的是唐人冯承素的摹本，据说深得王羲之的风神和韵度。

图4-4　王羲之《兰亭集序》

2. 碑学

（1）爨龙颜碑

魏碑，是北魏以及与北魏书风相近的南北朝碑志石刻书法的泛称，是汉字由隶书向楷书发展的过渡时期书法、具有鲜明的时代特色。云南"二爨"（爨宝子碑、爨龙颜碑）可谓书法史上一对真书奇葩。南朝沿袭晋制，禁止立碑，或许因地处边陲，使得它们得以侥幸留存，又因汉文化影响薄弱，而保留了它稚拙古朴的面貌。"爨龙颜碑"（图4-5）立于南朝宋大明二年（458年），它的结构以方正为主，但转折处已使用圆转笔法。康有为评说："下笔如昆玉刻刀，但见浑美；布势如精工画人，各有意度，当为隶楷极则。"隶楷相间、古意盎然的"爨龙颜碑"对研究我国书法由隶书向楷书演变的过程具有重要的价值。

图4-5　爨龙颜碑

（2）张猛龙碑

"张猛龙碑"（图4-6）立于北魏孝明帝正光三年（522年），全称"魏鲁太守张府君清颂之碑"，现在山东曲阜孔庙中，碑文记颂魏鲁郡太守张猛龙兴办学校的政绩。古人评价其书"正法虬已开欧虞之门户"，被世人誉为"魏碑第一"。康有为尊它为"正体变态之宗"，并把它列为"精品上"。"张猛龙碑"是北碑雄健奇异风格的代表之作，它所体现的潇洒奔放、雄强奋发的阳刚之气，对清代以后的书坛产生极大影响而至今不衰。

图4-6　张猛龙碑

（3）龙门二十品

龙门石窟也是书法艺术史的宝藏。著名的书法精品龙门二十品，是后代碑帖鉴赏家从龙门石窟3600余件石刻造像题记中精选出来的书法极品。其中十九品在古阳洞，一品在慈香窟。二十品书体大多方劲古拙，雄强多彩，体现了北魏时期的书法风貌，是北魏时期书法艺术的精华之作、"魏碑"体的代表。

## 五、隋唐时期的书画

隋唐是中国历史上社会经济文化繁荣、中外文化交流活跃和各民族文化融合深入的时代。

### （一）绘画

隋代虽然时间不长，但绘画上继往开来，成就显著。到了唐代，绘画"灿烂而求备"。传统画中人物画、山水画、花鸟画各个门类，都以独立的姿态呈现，技法日趋成熟与完备。与此同时，绘画艺术的繁荣促进了绘画理论和绘画史学的发展。

1. 人物画的兴盛

隋代的擅长人物画的画家有杨子华、田僧亮、杨契丹、郑法士、董伯仁、展子虔、阎毗等。他们对初唐画风的形成有一定的影响。唐代绘画以人物画和道释画为主流，成就也最辉煌。唐代人物画发展大致可以分为三个阶段：第一阶段为初唐，延续和发展了隋代的风格，还吸纳了边疆地区与外来艺术的影响。阎立本、尉迟乙僧的绘画活动代表了这一时期人物画艺术的最高成就。第二阶段为盛唐到安史之乱，人物画达到了极盛时期，初唐的细润变为雄健宏伟，雍容华贵。吴道子、张萱的绘画活动代表了这一时期人物画艺术的最高成就。第三阶段为中晚唐，随着国势的渐衰，人物画形成了沉郁、深刻、委婉、抒情的美学特征。周昉和孙位的绘画活动代表了这一时期人物画艺术的最高成就。

（1）阎立本和尉迟

阎立本（601—673年），雍州万年（今陕西西安）人，隋代书法家阎毗之子。阎氏一族是北朝以来的名门，阎立本本人仕途顺利。他的绘画题材广泛，人物车马、山水台阁无所不能，但最擅长、成就最突出的还是肖像画和政治题材的历史画。他利用绘画来歌颂皇帝的德威，表彰将帅们的战功，记载一些重大历史事件，成为初唐政治事业形象化的见证。传世作品有《步辇图》（图5-1）《职贡图》《历代帝王图》（图5-2）等。

图5-1 阎立本《步辇图》现藏于北京故宫博物院　　图5-2 《历代帝王图》

《步辇图》现藏于北京故宫博物院，是一幅纪实性的历史肖像画。它以文成公主进藏为背景，选择了唐太宗接见吐蕃迎亲者禄东赞的情节加以描绘。此图与顾恺之《女史箴图》一样突出描绘人物而省略背景，勾线细劲坚实，设色浓重艳丽，并适度运用了晕染法。人物形象和艺术手段都不失魏晋以来的传统，体现了鲜明的初唐风范。

传为阎立本所绘的《历代帝王图》为唐代重要的世俗人物画。它描绘了由西汉昭帝至隋炀帝的 13 位帝王及其随从的形象，前 6 幅为北宋摹本，后 7 幅为唐代的画作。画中的 13 个帝王除了个别画家亲眼所见，绝大部分是依据历史记载或参考前人图像来描绘的。画家以他高超的现实主义手法，鲜明的褒贬态度，成功地塑造了各具鲜明个性的帝王的艺术形象。

尉迟乙僧，于阗（今新疆和田）人。贞观初，于阗王因其"丹青其妙"，推荐到京都长安。尉迟乙僧在长安、洛阳的慈恩寺、光宅寺、兴唐寺等大寺院画了大量壁画。他的绘画，无论是人物、花鸟还是佛像，都充满西域风格。他对唐代绘画最突出的贡献就是将西域的凹凸画法传入中原，给唐代画家以极大影响。尉迟乙僧的作品无真迹流传，见于记载的有《弥勒佛像》《外国佛从图》《明王像》等 8 件，著录于《宣和画谱》等。

（2）"画圣"吴道子

吴道子（约 685—758 年），阳翟（今河南禹县）人，幼年父母双亡，生活贫寒而好学不已。初拜张旭、贺知章为师学习书法，后又跟随张孝师学习绘画，不到 20 岁就以绘画远近闻名。后来唐玄宗听说了他的名画，便把他召入宫中，任内教博士，并为他改名"道玄"。从此，吴道子从民间画工变成了宫廷画师。而且皇帝不愿意他再为别人弄墨，下令"非有诏不得作画"。

吴道子所绘人物，线条圆转，所绘衣袖、飘带有迎风起舞之势，故有"吴带当风"之说。他还创作了一种用焦墨勾线、淡着色于墨痕中的画法，世称"吴装"。甚至有不着色的白画，成为后世白描的先驱。他的山水画笔简意远，相传他曾在大同殿画嘉陵江三百余里山水，一日而就。后人把他与张僧繇并称"疏体"，以别于顾恺之、陆探微劲紧连绵较为古拙的"密体"。

图 5-3 吴道子《送子天王图》传 宋摹本

吴道子最擅长的是宗教画，仅在长安、洛阳两地寺观便画壁画 300 余堵。传世作品仅有宋人摹本《送子天王图》（图 5-3）。《送子天王图》（宋代摹本）是一幅优秀的古代作品。图卷取材于《瑞应经》，是描写释迦牟尼降生于净饭王家的故事。

（3）张萱、周昉及绮罗人物画

张萱、周昉所画的仕女形象具有一种健美丰腴的体态和雍容华贵的气质。这种画法被认为是"唐世所好"。这一审美风尚与六朝人物画"秀骨清像"的美学标准大相径庭。在此之前，虽有妇女题材的绘画作品，但主要是"贞妃烈妇"一类。在绘画中着意描写现实生活中的妇女，是从唐初开始，最早以画此类题材知名的大画家是盛唐的张萱和稍后的周昉。

张萱，生卒年不详，京兆（今陕西西安）人，唐代宫廷画家，最负盛名的贵族人物、侍女画家。画迹有《明皇纳凉图》《整装图》《卫夫人像》等 47 件，著录于《宣和画谱》。《虢国夫人游春图》（图 5-4）著录于《中国名画集》，还有《武后行从图》等传世。

图 5-4 张萱 唐《虢国夫人游春图》

《虢国夫人游春图》绢本、设色，描写杨贵妃的三妹、显赫一时的虢国夫人出游的情景。为了突出主题，作者不绘任何背景，通过人物悠然自得的神态以及装备华丽的马匹那轻快而有节奏的行进步伐，表现游春这一主题。此画无款识，黄绫隔水上有金章宗瘦金体楷书《天水摹张萱虢国夫人游春图》。

周昉，生卒年不详，京兆（今陕西西安）人，出身贵族，官至宣州长史，擅画贵族人物肖像及宗教壁画，尤其以仕女画最为突出。他的宗教画具有明显的世俗化倾向，所绘的佛及菩萨与现实中的人物十分相像，被称为"周家样"。"周家样"与"曹家样"（北齐曹仲达）、"张家样"（南朝梁张僧繇所创）、"吴家样"（唐代吴道子创）"并立，合成"四家样"，是中国古代最早具有画派性质的样式，为历代画家所推崇。周昉在仕女人物画上继承和发展了张萱的艺术风格，笔下的"仕女"具有"丰厚为体，衣裳简劲，彩色柔丽"的特点，流传于世的有《簪花仕女图》（图5-5）《挥扇仕女图》《调琴啜茗图》等。

图5-5　周昉 唐《簪花仕女图》

《簪花仕女图》是唐代仕女图的又一高峰。画中描绘了一组身着华丽服饰的宫中妇女在庭院游玩的情景。1972年，辽宁省博物馆对国宝级名画进行了一次大检查，发现《簪花仕女图》的画心开裂得非常厉害，决定对它进行一次重裱修复。在揭裱过程中发现画面是由三块大小相近的画绢拼接而成的。

2. 山水画的发展

隋代及初唐山水画在魏晋基础上有了较大发展。隋代以前的山水画均无留存，其面貌只能依据文献记载和人物画中作为背景的山水形象去揣摩。隋代展子虔《游春图》的出现，使我们有了最早的山水画实物资料。

（1）隋展子虔的《游春图》

展子虔（550—617年），渤海（今山东信阳）人，经历北齐、北周，入隋为朝散大夫、帐内都督，是隋代绘画发展的关键人物。擅画人物、山水及杂画，几乎无所不能，传世作品有《游春图》（图5-6）。

图5-6　展子虔 隋《游春图》

《游春图》是画家留存下来的唯一作品，现藏于北京故宫博物院。此图为绢本、设色。卷首有宋徽宗赵佶题"展子虔游春图"6字。《游春图》不同于南北朝时期"人大于山，水不容泛"、树石若"伸臂布指"的早期山水画，人与人有了适当比例。因此，唐人称展画有"远近山水，咫尺千里"之势。在画法上近似于人物画的勾勒设色，先以中锋用笔勾画出景物的轮廓和结构，然后填染浓重的矿物质颜料，是中国山水画中独具风格的画体，是了解此时山水画最直接的形象资料，为唐代青绿山水画派开了一个很好的端绪，故张彦远称他为"唐画之祖"。

（2）李思训父子的青绿山水画

李思训及其儿子李昭道，在青绿山水画史上具有极为重要的地位，青绿山水画在他们笔下已然成熟。

李思训（651—718年），唐朝宗室。他的一生是在封建贵族的生活环境中度过的，曾任左武卫大将军之职，所以后世尊称他为"大李将军"，而他的儿子李昭道，虽未任过将军之职，因绘画上能继承父业，工金碧山水，也被后人称为"小李将军"。

李思训山水画的内容已开始描绘贵族士大夫们欣赏的幽居景色，把青绿山水画推向成熟，并经其子李昭道的继承和发展，自称一派，明代董其昌推其为"北宗之祖"、青绿山水画派之祖。画迹有《山居四皓图》《江山渔乐图》等17件，著录于《宣和画谱》。传为他的作品有中国台北故宫博物院的《江帆楼阁图》。

《江帆楼阁图》是一件大幅青绿山水，立轴，江天阔渺，长松秀岭，江边点缀着几个身着唐装的人物。较之《游春图》更有雄浑的气势，这幅《江帆楼阁图》虽是宋人手笔，但可以反映出李思训的画风。

李思训的儿子李昭道，官至太子中舍人，也擅长青绿山水，世称小李将军。他继承了父亲的画法，张彦远称其"变父之势，妙又过之"。画迹有《海岸图》《摘瓜图》等6件，著录于《宣和画谱》。传世作品有《明皇幸蜀图》（图5-7），现藏中国台北故宫博物院。

图 5-7 《明皇幸蜀图》

《明皇幸蜀图》是一件以山水景物为主的历史故事画。这幅画兼具历史及政治意义，因为李昭道将安史之乱的文字历史转化成了生动的画面，把俯瞰构图改为了平视，在空间处理上进一步探索了"深远"的表达。

（3）水墨山水画的发展

在山水画史上，一般把王维推为水墨山水画之祖。中唐以后，国势渐衰，社会风气由豪华变为清淡，山水画也由喜爱金碧辉煌变为崇尚水墨清淡，出现了以水墨渲淡为法的山水画艺术形式。以王维、张璪、王墨、刘商等人为代表，他们将山水艺术推向一个新的高度。

王维（701—761年），字摩诘，山西太原人，官至尚书右丞，故也称王右丞。他诗、书、画、音乐都很擅长，尤以诗和画最为突出。首创中国山水画中优美独特的禅境表现，在山水史上曾被董其昌推崇为"南宗"之祖，今传王维的《雪溪图》。《江山雪霁图》《辋川图》均为后人摹本。

王维画迹唐人记载并不多，评价也并不高。朱景玄将其仅列为妙品之上，他的声名鹊起是由苏轼年轻时的大力推许。苏轼评论说"味摩诘之诗，诗中有画，观摩诘之画，画中有诗"。

张璪，生卒年不详，吴郡（今江苏苏州）人，擅水墨山水，尤其精通松石。传说他能双手分别执笔作画，一枝笔画松，一枝笔画枯枝，出现"润含春泽，惨同秋色"的两种笔墨效果，这是成语"双管齐下"的原典。他还有一绝，那就是用手蘸墨作画，不求巧饰，成为中国指画第一人。张璪提出的"外师造化，中得心源"的创作原则，成为画学上的不朽名言。可惜无作品传世。据唐代张彦远《历代名画记》记载，张璪曾有《绘境》一篇，讲画的要诀。

3. 花鸟画的兴起

中国传统绘画包括山水、人物、花鸟三科。花鸟画是对以植物和动物为主要描绘对象的绘画的总称。根据绘画的内容，又可细分为花卉、翎毛、蔬果、草虫、畜兽等支科。经五代至清代，花鸟画与山水画一样逐渐成为中国古代绘画的主流，这在世界各民族同类题材的绘画中是不多见的。

（1）花鸟画之历史流变

中国花鸟画，是由装饰图案慢慢独立发展而成的。新石器时代已出现较为完整的花鸟画图案，如彩陶上的花鸟纹饰。商周青铜器上更有花瓣纹、蝉纹、象纹等为装饰样式。战国时期的人物龙凤帛画，西汉时期的绢帛画，汉代画像石与画像砖上的龙、凤、金鸟，都非常精美，但这仍仅属人物画甲的点缀。魏晋时期壁画中的花鸟则更精湛，但图案装饰气息依然很浓。六朝时期，有少数画家以描绘蜂蝶、雀蝉著称，但却"笔迹轻盈，乏于生气"。因此花鸟题材画虽然发源于南北朝时期，但真正具有独立审美意义的花鸟画产生于唐。

据文献记载，早期的花鸟画在技法上多为工笔重彩，勾线精细，设色浓艳，在造型上严谨写实，布局多取个体形象，即所谓"折枝花"的形式，给人以精细、巧丽的美感。这为后世的花鸟画，特别是院体花鸟画构建了基本的模式，边鸾成就最高，折枝花卉、蜂蝶、蝉雀无不精妙。

（2）唐代的画马名家

描绘和塑造马的艺术形象，秦汉以来流行不衰。因为马不仅与人密切相关，且形态矫健，被认为是英雄豪迈精神的象征。唐代开疆拓土，对鞍马尤为重视。浮雕昭陵六骏和唐三彩中的许多作品至今仍是马的造型艺术中难以逾越的高峰；不少画家也竭尽平生专长画马，在众多画马名家中，以曹霸、韩幹师徒二人最为出色。

曹霸（704—770年），安徽亳州人，成名于唐玄宗开元年间，被召入宫廷画御马并修补《凌烟阁二十四功臣图》，轰动一时。他画马神形兼备，还十分注重画出马的骨相。杜甫在《丹青引赠曹将军霸》诗中称赞曹霸："斯需九重真龙出，一洗万古凡马空。"曹霸传世名作有《九马图》《赢马图》等，但清中叶后就不知去向。

韩幹，京兆（今陕西西安）人，后为大梁（今河南开封）人，生活在盛唐玄宗时代，被王维赏识资助，是长安城名噪一时的画马名家。天宝年间，韩幹被召入朝供奉，官至太府肆丞。坚持师法自然，以真马为描绘对象的创作原则，能"得马之性"。传世作品有《牧马图》，现藏于中国台北故宫博物院；《照夜白图》（图5-8）著录于《中国名画宝鉴》。照夜白是唐玄宗李隆基的坐骑，图中系一木桩上，健壮有神，昂首嘶鸣。此图用笔简练，线条纤细有劲，马身微加渲染，雄骏神态已表现出来。

图 5-8　曹霸　唐《照夜白图》

### （3）唐代画牛名家

牛也是唐代重要绘画题材之一，反映出当时农耕事业的发达，代表画家有韩滉、戴嵩等人。

韩滉（723—787年），字太冲，长安（今陕西西安）人，唐德宗时的宰相。他长于画牛，能"曲尽其妙"。南宋陆游见其作品说："每见村童牧牛于风林烟草之间，并觉身在图画，起辞官归里之望。"画迹有《李德裕见客图》《尧民击壤图》《田家风俗图》等36件，著录于《宣和画谱》。传世作品有《五牛图》（图5-9），绘于白麻纸上，是我国目前所见最早的纸上绘画作品，现藏于北京故宫博物院。《五牛图》描绘5头神色、姿态、色泽花纹各异的黄牛，用笔粗简而富有变化，敷色清淡而稳重，十分恰当地表现了牛的筋骨和皮毛，后人称之为"神气磊落，稀世名笔"。它标志着唐代的畜兽画已经达到很高的水平。

图5-9 韩滉 唐《五牛图》

### （二）书法

唐代是中国书法艺术的鼎盛时期。楷、行、草、隶、篆诸体都取得了很大成就，尤以楷、行、草成就最大，对后世影响也最大。

#### 1. 草书

（1）张旭《古诗四帖》

张旭，字伯高，吴郡（今江苏苏州）人，以草书最为知名。其书法与李白诗歌、裴旻舞剑合称"三绝"。张旭为人洒脱不羁，豁达豪放，嗜好饮酒，常于醉中以头发濡墨大书，如醉如痴，世称"张颠"。张旭书法充满激情，在强烈的感情驱动下的尽情挥洒，开创了狂放浪荡的书法风格。书迹有《郎官石记》《古诗四帖》（图5-10）等传世。

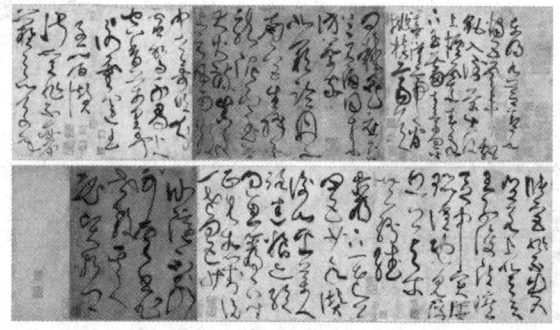

图5-10 张旭 唐《古诗四帖》

《古诗四帖》是张旭狂草的代表作，也是中国草书史上的经典之作。其特点是较过去更为狂放，整体气势如长江大河一泻千里，如疾风骤雨畅快淋漓。张旭狂草在原有的基础结构上，将上下两字的笔画紧密相连，所谓"连绵回绕"，有时两个字看起来像一个字，有时一个字却看起来像两个字，在章法安排上，也是忽大忽小，疏密悬殊。行文跌宕起伏，动静交错，满纸如云烟缭绕。张旭的浪漫书风，历代都有追随者，如唐代的怀素、宋代的黄庭坚、明代的徐渭等。

（2）怀素《自叙帖》

怀素（725—785年），字藏真，俗姓钱，永州零陵（今湖南长沙）人，以"狂草"著称于世，史称"草圣"。性情旷放，好饮酒，在半醉半醒的创作状态与张旭如出一辙，二人合称"颠张狂素"，形成唐代草书双峰并峙的局面。怀素传世之书迹有《自叙帖》（图5-11）《苦笋帖》《食鱼帖》《论书帖》《大草千文》《小草千文》等诸帖。

《自叙帖》是怀素人到中年后叙述自己学书的经验和名家对自己草书的评论，是其传世作品中浪漫主义气息最为浓厚的作品之一。此帖笔法纵横驰骋，圆劲飞动，煞回旋进退又无不中节，通篇700余字，一气呵成。

图5-11 怀素 唐《自叙帖》

2. 楷书

（1）欧阳询《九成宫醴泉铭》

隋至唐初，大书法家辈出，欧阳询、虞世南、褚遂良、薛稷并称"初唐四大家"。虞世南《孔子庙堂碑》和欧阳询《九成宫醴泉铭》都是书法史上正楷的极品。

欧阳询（557—641年），字信本，潭州临湘（今湖南长沙）人，精通书法各体，且以楷书为最，法度严谨，笔力险劲，结体奇峭，后人称为"欧体"。《九成宫醴泉铭》（图5-12）是欧体登峰造极之作。

《九成宫醴泉铭》碑由魏征撰文，记载唐太宗在九成宫避暑时发现泉水一事。此碑立于贞观六年（632年），楷书24行，每行49字，碑额阳文篆书《九成宫醴泉铭》6字，是欧阳询75岁时的作品。用笔以方居多，笔画紧凑匀称，字体间架开阔稳健，多向右拓展，然重心依然稳固，没有倾侧之感。此碑文被认为唐楷冠冕，其帖成为后人学习楷书的最佳范本之一。

图5-12 欧阳询 唐《九成宫醴泉铭》

图5-13 虞世南 唐《孔子庙堂碑》

（2）虞世南《孔子庙堂碑》

虞世南（558—638年），字伯施，越州余姚（今浙江余姚）人，太宗时任弘文馆学士、秘书监。他跟从王羲之的七世孙、隋朝书法家智永禅师学习书法，用笔圆润，外柔内刚，结构疏朗，气韵秀健。传说唐太宗学书就是以虞世南为师。虞世南书法中最著名的当推《孔子庙堂碑》（图5-13）。

"孔子庙堂碑"立于唐贞观七年（633年），碑高280厘米，宽110厘米，楷书35行，每行64字。碑额篆书阴文"孔子庙堂之碑》6字，碑文记载唐高祖五年，封孔子23世孙孔德伦为褒圣侯及修缮孔庙之事。此碑帖笔法圆劲秀润，笔势舒展，用笔含蓄朴素，气息宁静浑穆，是历代金石学家和书法家公认的虞书妙品。后唐拓本《孔子庙堂碑》流入日本，现藏于日本东京三井文库。

（3）颜真卿《多宝塔碑》

颜真卿（709—785年），京兆万年（今陕西西安）人，祖籍琅琊临沂（今山东临沂），又称"颜平原""颜鲁公"。颜真卿少时家贫缺纸笔，用笔蘸黄土在墙上练字。德宗时，李希烈叛乱，他亲赴敌营，却被李希烈缢杀，终年77岁。他一生忠烈悲壮的事迹与书法作品的雄浑端庄相映生辉。他最初学褚遂良，后来师从张旭，又汲取初唐四家特点，兼收篆隶和北魏笔意，广收博取，自成一格。其楷书化瘦硬为丰腴雄浑，结体宽博，气势恢宏，骨力遒劲而气势凛然，人称"颜体"。"颜体"奠定了他在楷书千百年来不朽的地位，他是继"二王"之后成就最高、影响最大的书法家。他的"颜体"与柳公权并称"颜柳"，有"颜筋柳骨"之誉。楷书有《多宝塔碑》（图5-14）《麻姑仙坛记》《颜家庙碑》等，是极具个性的书体。行草书有《祭侄文稿》《争座位帖》等。

图5-14 颜真卿 唐《多宝塔碑》

《多宝塔碑》全称《大唐西京千福寺多宝塔感应碑》，天宝十一年（752年）建，岑勋撰文，颜真卿书丹，徐浩题额，史华刻字，现藏西安碑林。此碑整篇结构严谨，书写恭谨，字里行间有乌丝栏界格，点画圆整，端庄秀丽，一般横画略细，竖画、点、撇与捺略粗，一撇一捺显得静中有动。

（4）柳公权《玄秘塔碑》

柳公权（778—865年），字诚悬，京兆华原（今陕西耀县）人，官至太子少师，故世称"柳少师"。他从颜真卿处接过楷书的旗帜，自创"柳体"，达到楷书的又一巅峰。他的字在唐穆宗、敬宗、文宗三朝一直很受重视，他还在世时就已十分珍贵。他的字点画爽利挺秀，骨力遒健，结体严谨，比颜体稍显均匀瘦硬，故有"颜筋柳骨"之称。柳公权传世的作品很多，其中《金刚经刻石》《玄秘塔碑》（图5-15）《神策军碑》最能代表其楷书风格。

图5-15 柳公权 唐《玄秘塔碑》

《玄秘塔碑》是柳公权63岁楷书作品，总28行，每行54字，原碑下半截每行磨两个字，今存西安碑林。《玄秘塔碑》唐裴休撰文，柳公权书并篆额，邵建和、邵建初镌刻。此碑具有"瘦硬""多变"的特点。书体端正瘦长，笔力挺拔矫健，行间气脉流贯，顾盼神飞，全碑无一懈笔。历来学大楷的人，往往以此碑和欧书《九成宫碑》、颜书《多宝塔碑》为入门典范。

3. 行书

（1）李邕《李思训碑》

李邕（678—747年），字泰和，广陵江都（今江苏扬州）人，少年就已知名，曾任北海太守等职，人称"李北海"。政治命运坎坷，为宰相李林甫所害，含冤杖杀。他以行书写碑帖，结字取势颀长，左低右高，笔力遒劲舒展，有险峭爽朗之感。传世作品有《李思训碑》（图5-16）《法华寺碑》等。

李邕提倡创新，有"学我者死，似我者俗"的精辟论点。

《李思训碑》又称《云麾将军李思训碑》，李邕篆文并书，唐开元八年（720年）建于今陕西境内。共30行，每行70字。碑文下半段文字残缺严重。此碑用笔自然豪爽，结字取势颀长，凛然有势，遒劲而妍丽，历来作为李邕作品第一而称雄于世。后世不少画家题画多有借鉴，如齐白石就取法于此。

（2）颜真卿《祭侄文稿》

在中国书法史上，有两件出神入化的行书作品，被后人誉为"天下第一行书"和"天下第二行书"，它们分别是王羲之的《兰亭集序》和颜真卿的《祭侄文稿》（图5-17）。《兰亭集序》真迹已不复存在，我们今天还有幸能目睹颜真卿的墨迹。《祭侄文稿》是颜真卿为悼念以身殉国的侄子所写的祭文草稿。全篇运笔流畅果断，一气呵成，转折精巧自然，渴笔枯墨多处出现，生动地反映出情真意切、血泪交迸的情绪，酣畅淋漓中让我们感受到一种英雄主义浩然正气的震撼。

图5-16 李邕 唐《李思训碑》

图5-17 颜真卿 唐《祭侄文稿》

4. 篆书

（1）李阳冰《般若台铭》

李阳冰，字少温，赵郡（今河北赵县）人，曾为将作监，人称李监。由于他的书法笔骏劲，被称为"笔虎"。李阳冰的碑刻有《三坟记》《城隍庙碑》《般若台铭》（图5-18）等。

李阳冰《般若台铭》，篆书，高近4米，宽近2米，4行，每字长约40厘米，宽25厘米，在福建会城乌石山。笔致屈曲回环，变化开阔，龙蛇盘踞，饱含苍劲之力，雄浑之气。

图5-18 李阳冰 唐《般若台铭》

（2）中书省之印

战国、秦、汉等官印和私印形体相差不大，唐代的官印形体放大，规定废印上缴并销毁，故官印传世十分稀少。另一方面，唐宋的书画艺术却发展起来，不少名家把印章用于书画，如唐代张彦远在《历代名画记》中就记述了晋到唐铃于书画上的印有54枚，诸遂良在摹"兰亭帖"上用了"褚氏"小印。唐代武后，认为玺字音近"死"字，很不吉祥，于是改"玺"为"宝"。臣民用"印"这一制度，一直沿用至清朝。现在故宫博物院交泰殿内，陈列的许多玉玺都是用"宝"字。

中书省之印（图5-19），系唐代官印，质地为铜，背有高鼻钮。朱文，右上起顺读"中书省之印"。匠心独具的是"中"字的下部与"之"字的上部均作盘曲回绕的增繁处理，"印"字虽未增减，但也变为曲绕之形，避免了印面太过虚疏。书字下端的"日"字被包围在中心，改作小圆处理，既避免了与省字底部的"目"字重复，又形成特殊的趣味，这是该印最见巧思之处。

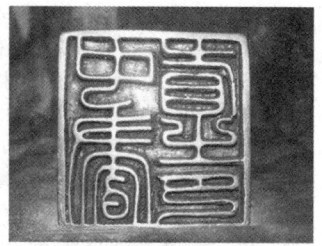

图5-19 中书省之印

## 六、五代宋元时期的书画

五代时期，山水画形成了以北方的大师荆浩、关仝为代表的北派山水，以董源、巨然为代表的江南画派，是该画科高度成熟的标志。人物画中也出现了顾闳中、周文炬等大师级的画家。

两宋是唐代之后绘画艺术又一个辉煌灿烂的鼎盛时期。宫廷绘画、士大夫绘画、民间绘画互相渗透，构成宋代绘画多姿多彩的面貌。山水画、花鸟画、人物画三种画科共同构成了宋画三峰并峙的奇观，这是中国古代绘画史上绝无仅有的辉煌瞬间。此后，人物画盛极而衰，而山水、花鸟则蓬勃向上，形成中国绘画的主流画科。同时，擅长思辨的宋人还为我们留下了极其丰富的绘画史论著述，元明清绘画中的风格样式及理论大多可在宋代绘画中找到根据。

宋代的书法，是继晋唐以来的又一个高峰。北宋著名的书法家苏轼、黄庭坚、米芾、蔡襄被誉为"四大家"。宋徽宗还另创瘦金体，劲健飘逸，别具特色。南宋书风缺少豪迈气度，呈衰弱之势。元代的书法，一反南宋的萎靡，以赵孟頫的成就最大。

### （一）绘画

#### 1. 画院的历史渊源

画院原指中国古代宫廷中掌管绘画的官署，主要功能是根据皇家需要绘制各种图画，还兼有皇家藏画的鉴定和整理以及绘画人才的培养功能。画院一词被沿用至今，成为现代美术创作和研究机构的名称。

宫廷画院始于五代，盛于两宋。但据史料记载，早在殷商时代，政府中就设置专门的机构，统率包括画家在内的百工，不过此时画家地位较低。春秋战国时期，为诸侯作画的画家称为"史""客"，地位略有提高。秦汉时期以绘画为专门职业的画工日益增多，宫廷里的专门画家被称为"黄门画者"或"尚方画工"。汉代设有画室署长之职，负责管辖画家。西汉毛延寿、陈敞，东汉刘旦、杨鲁等都是知名的御用画工。唐代一些皇帝即愿喜好书画，曾招聘画家入翰林院，并授以待诏、内廷供奉、祗侯之职。五代的西蜀和南唐都设立宫廷画院。西蜀后主孟昶于明德二年（935年）创立翰林图画院，让著名花鸟画家黄荃掌管画院事务，这是中国历史上最早出现的画院。宋艺、吴道兴、黄荃、高文进等都是翰林图画院有名的画家。南唐中主李璟，也在宫中设立翰林图画院，集中了一大批有成就的画家。顾闳中、周文炬、董源、卫贤等都是画院待诏。宋代是画院的兴盛时期。从五代开始设立，延续了将近400年的画院，至元代中断。明代御用画家归工部将作司管辖。清代乾隆年间设如意馆和画院处，分别管理御用画家，后归并为如意馆画院。

两宋时期可以说是画院隆盛的时代，因而其制度也最完备。宋代开国之初，设立了图画院。西蜀、南唐画院的画家加上中原绘画高手齐聚一堂，形成了人才济济的可喜局面。宋徽宗改变了前朝"凡以艺进者不得佩鱼"的旧制，把画院画家提升到与文职官员相同的地位。在经济待遇上，画家也享有较高的

"俸值"。宋徽宗还为画院设立了一套完整的制度，用考试的办法选拔画院人才，设立了"画学"，使之正式成为科举制度的一部分。《宋史》记载，画院取士标准是"以不仿前人，而物之情态形色俱若自然，笔韵高简为工"，更强调立意和格调。宣和画院成为后代画院的典范，对两宋绘画的繁荣起到了巨大的推动作用。

此外，画院在历代画迹收藏方面，也做了重大贡献。宋太宗曾下令遍访古今名画，并在崇文院设立"秘阁"储藏。这批皇家收藏对提高画院画家的艺术创作水平意义重大。宋徽宗在搜集整理和鉴藏方面更是功劳卓著。他把三国曹不兴至五代的名画，分列14门，装为100帙，每帙15册，称为《宣和睿览集》。他下令编纂《宣和书谱》和《宣和画谱》，后著录魏晋以来名画231家6396件，分列10门，是现存最早的一部完整的官修内府藏品著录。宣和宫廷的书画装裱形式被称为"宣和装"，格式规范，工艺精湛，对后世的宫廷收藏也产生了深远影响。

### 2. 山水画

五代山水画坛承唐启宋，变古生今，出现了荆浩、关仝、董源、巨然为代表的几位山水画大师，开创了南北山水画派。

宋代山水画名家辈出，初期的山水画以李成、范宽等中原画派为主流，后融入江南画派，形成以郭熙为代表的院体山水画。南宋院体山水画是其主流，"南宋四家"李唐、刘松年、马远、夏圭为代表。北宋中后期，青绿山水画进入成熟期，出现了王希孟、赵伯驹等代表画家。

元代山水画上溯唐、五代、北宋诸样式而形成自己的风格，文人画大盛，赵孟頫、黄公望、王蒙、倪瓒、吴镇是文人山水画家的杰出代表。

（1）五代山水画的南北二派

五代时期的山水画，风格纷呈，画家众多，代表着五代山水画水准的关键人物就是画史上常说的"荆、关、董、巨"。他们从各自生活的地区体察山水情势，将自然山水化为笔底生机勃勃的艺术形象。荆浩表现太行山景色，关仝描写关、陕一带风光，成为北方山水画派的代表人物；董源和巨然写江南山水，开创南方山水画派的风格。南北二派都创造了自己独特的表现方法，成为中国传统山水画的不朽宗师。

以荆浩、关仝为代表的北方山水画派：

荆浩，字浩然，生于唐大中年间，卒于五代后梁时期，是我国山水画发展史上一位承上启下的画家。他既以大自然为师，也注意汲取前人的绘画经验和教训，在总结唐人运笔用墨基础上，创造了笔墨并重的北方"全景山水"山水画的主流。长山大岭，雄伟峻拔，呈雄健阳刚之美，给人以崇高之感。在技法的运用上，笔墨刚健，以皴擦塑造大山大水形象。荆浩现存世作品极少，有《匡庐图》（图6-1）《雪景山水图》《山阴宴兰亭阁》等，著录于《故宫名画三百种》《宣和画谱》。

《匡庐图》为全景式构图，中间危峰重叠，壁立千仞，四周群嶂连绵，溪谷蜿蜒。全副纯施水墨，皴染结合，法度严谨，风格苍劲浑穆。他既注意吸取传统技法的优点，更注意笔墨技法的变化，奠定了水墨山水画笔墨技巧的艺术形式。从某种意义上说，荆浩的山水画标志着中国山水画的成熟。

图6-1 荆浩 唐《匡庐图》

荆浩的伟大之处还表现在他的理论成就上。他上承"传神论"和"气韵论",形成新的创见。他的《笔法记》是我国山水画理论中的重要文献,"图真"是其核心思想。"真"是形神兼备,把物象外在形貌与内在的生命精神都充分表现出来。技法手段上提出"六要":气、韵、思、景、笔、墨。荆浩的笔墨之论至今已逾千年而不衰,说明其影响之深远。

关仝,长安(今陕西西安)人,五代末至宋初的山水画大师,与荆浩并称"荆关",二人共同奠定了北方山水画派。关仝喜欢以秋山寒林、村居野渡、渔士山驿等为题材,时称"关家山水"。较之荆浩,他的画作笔墨更为简练,形象更为鲜明动人。传世作品有《山溪待渡图》《关仝行旅途》(图6-2)《秋山晚翠图》等,著录于《故宫名画三百种》。

传为关仝作品的《关山行旅图》,布局兼取"高远"与"平远"两法,上部巨峰高耸,中部深谷云绕,近处溪水潺潺,板桥茅屋,鸡鸣犬吠,生机盎然。画面上高山伟岸峭拔、石体坚凝,杂木丰茂,有枝无干,台阁古雅。用笔简劲老辣,气韵深厚,山石轮廓线粗细断续变化多端。

以董源、巨然为代表的江南画派:

董源(?—约962年)为五代南唐画家,也叫董元,字叔达,钟陵(今江西进贤)人。他曾任职北苑副使,又称董北苑。他生活

图6-2 关仝 唐《关山行旅途》

在地势起伏平缓、温暖湿润的江南水乡。他留心自然,并以自己的艺术语言表达出来。在他的画里,很难看到险峻奇峭的山峰,都是平缓连绵的山峦,山村渔舍,全是江南丘陵江湖的动人景色。他的代表作有《潇湘图》(图6-3)《夏山图》《夏景山口待渡图》和《龙宿郊民图》。《潇湘图》是以横幅形式描绘草木茂盛、云雾晦明的江南景色,充分发挥水墨的表现力。他创造出一系列独特造型语言来表现江南独特的地貌特征:披麻皴表现江南山石形质,浑圆的点子皴表现灌木郁郁葱葱的感觉,这两种皴法都是表现远观的大印象。为了表现江南湿润的特点,其笔墨中水分含量较多,并参有少量花青,使其笔墨技法与所表现的特定景色充分融合。董源很重视对山水画中点景人物的刻画,虽小如豆点,但用青、红、白等重色,与水墨皴点相衬托,神情逼真,清晰可辨,别有一种古雅之趣。董源所创造的南派山水画,当时得到巨然的追随,后世遂以"董巨"并称。在宋代,除了米芾、沈括十分欣赏董巨画派之外,一般论者对董巨的评价并不高。一直到了元代,取法董巨的风气才逐渐兴起。

图6-3 董源 五代《潇湘图》

巨然,五代南唐、北宋初期画家,钟陵人。他原是钟陵开元寺的僧人,师法董源,因善画山水而成为南唐后主李煜的宾客,后随李后主到了汴梁(今河南开封),居开宝寺中。北方的自然环境和北方山

水画派又给予他新的影响，创造出一种融合南北的新面貌。他的画山峦拔地而起，有一定的气势感，具有北方山水画派的特点。布局虽然宏达，却无北派的雄奇峻峭之感。山石皴法仍然用长披麻皴，然后再以浇墨破笔点苔法点树叶。传世作品有《层崖丛树图》（图6-4）《秋山问道图》，现藏于中国台北故宫博物院；《万壑松风图》藏于上海博物馆；《烟浮远岫图》藏于日本大阪市立美术馆。

《层崖丛树图》，立轴，山体直立高耸，高远深远兼备，取北派构图。散落在山间岭上的野树渲染出了一派浑茫的气氛，与严整的峰冈相映成趣，在开合中寄意深远。而林中小径，屈曲萦带，断桥危栈，草木华滋，笔墨秀润，又是一派江南画派气象。

（2）北宋中原画派与院体山水画

北宋著名画论家郭若虚在《图画见闻志》中特辟《论三家山水》一章，指出："画山水惟营丘李成、长安关仝、华原范宽。"说这三家有绝世之境界，成三家鼎立之势。

李成（919—967年），字咸熙，先世为唐宗室，世居长安（今陕西西安），五代、宋初画家。他聪慧豪迈，然尝郁郁不得志，沉溺诗酒，寄情书画，终醉死客舍。绘画以山水见长。开始师从荆关，后在继承前人水墨山水技法的基础上，形成独特的造型语言——蟹爪枝和卷云皴。蟹爪枝指用粗细变化自如的墨线，层层分叉，层层搭接，概括地表现出冬季的杂树枯枝。这种语言，有利于表现秋冬季节的萧条肃杀，于是他创造了"寒林"的景象，人称李寒林。卷云皴指用中锋侧缝并施的笔画，在绢面上扭转施压，并形成弧线，画出浑圆饱满的云朵状石块、沙丘或受到水蚀的山丘、黄土岗。他最喜欢表现的平远小景，往往具有清旷萧疏的意境，与荆关雄奇深厚的画风不同。李成在世时，画名已很盛，到宋末更称之为"古今第一"。宋神宗、宋徽宗均酷爱其山水，下诏收集李成的画。流传至今传为李成所作的画大多是后人仿作或其传派作品。

现藏于日本大阪市立美术馆李成名作《读碑窠石图》（图6-5），画面碑侧题款："王晓人物，李成树石。"但据宋末周密《云烟过眼录》记载，他当时所见此画面仅剩半幅，王晓人物这部分已残损。因此收藏在大阪的这件作品或许是宋人的摹本，通常被认为能代表李成的风格。

《读碑窠石图》描绘大自然幽凄、萧瑟的景象。石坡下古木参差，苍干瘦枝俯仰，下垂如蟹爪，上有藤葛攀援。平台上一古碑矗立，一戴笠骑骡的行者正仰观碑文，似乎有无限感慨。随行的童子，持杖而立，似乎并不解主人的忧思。一块残碑，几株枯木，荆棘枯草，所有的景物都烘托出无限凄怆的气氛。此画在水墨山水画的文人抒情方面迈出了一大步。

北宋另一主流派山水画家是范宽。范宽（约950—1027年），名中立，字仲立，因为性情宽和，故人称范宽，华原（今陕西耀县）人。范宽初学荆浩、关仝，受李成影响更大，但他不满足于此，终于领悟到："前人之法，未尝不近取诸物。吾与其师于人者，未若师诸物也；与其师于物者，未若师诸心。"于是移居终南山、太华山，创造出不同于荆浩、关仝、李成的北方山水画样式。范宽与李成虽然同是北方流派，但李成因徙居山东营丘，便常以齐鲁原野的自然环境为描绘对象，范宽长期居住在终南山和太华山，他的画也崇山雄厚、巨石突兀、林木繁茂、气势逼人。范宽现存世作品有《溪山行旅图》（图6-6）《寒林雪景图》。

《溪山行旅图》是我国古代山水画的优秀典范，被董其昌誉为"宋画第一"。高旷雄伟的峰峦拔地而起，壁立千仞，撼人心魄，表现出秦陇间峰峦浑厚雄强、峻重苍老之感。特别是正面的山体用稠密的

图6-4 巨然 五代《层崖丛树图》

小笔，皴出山石巨峰的质与骨。这种皴法便是后人所称的"丁头皴"或"雨点皴"，稍大一点的被称为"豆瓣皴"。同时范宽还十分重视具体景物深入细致的刻画，精心经营山坳深壑中的飞瀑流泉和前景的行旅队伍，巧妙地用烟岚虚化，衔接巍峨的主峰与富有生活气息的前景。

图 6-5 李成 唐《读碑窠石图》　　图 6-6 范宽 唐《溪山行旅图》　　图 6-7 郭熙 宋《早春图》

郭熙（约1000—1090年），字淳夫，河阳温县（今河南孟县）人。官至画院最高职位翰林待诏直长，深得宋神宗的宠爱。他不仅是一位杰出的画家，也是一位卓有建树的山水画理论家。他的理论成就见于其子郭思记录整理的《林泉高致》一书。他认为山水也有"形象"，"春山澹冶而如笑，夏山苍翠而如滴，秋山明净而如妆，冬山惨淡而如睡"。特别重要的是，郭熙阐明了山水画构图取景的三种形式：山有三远，自山下而仰山巅，谓之高远；自山前而窥山后，谓之深远；自近山而望远山，谓之平远。高远、深远、平远的"三远"取景方法是研究山水画透视原则和空间处理的重要法则。郭熙所总结出来的山水画创作规律和方法，对后代山水画的创作具有指导意义。郭熙有《早春图》（图6-7）《幽谷图》《关山春雪图》等作品传世。

《早春图》是郭熙创作成熟时期的作品。画上自题"早春"，顾名思义，画的是初春瑞雪消融、大地苏醒、新芽吐绿，寒冬残留的惨淡枯寂正转向勃发的生机。主要景物集中于中轴右线，近景是大石、松树，河流刚刚解冻，衔接中景"S"形的山石，隔着云雾，再起二峰，主峰居中，下临深渊，瀑布高悬，涧水奔流，楼阁隐现，悬崖上有草亭茅舍，背后衬以远山。左侧山路逶迤，仿佛有千里之遥。笔墨清润，构图综合高远、深远、平远法，与自然妙合，几乎无懈可击，呈现了可行、可望、可居、可游的理想山水。

与郭熙同时和稍后的山水画坛，出现了多元的风格倾向，表现在青绿和水墨两端。北宋中后期，青绿山水画得到长足发展，与盛唐大、小李将军遥相呼应，形成我国青绿山水画史的又一座高峰。宋代青绿山水的内容从唐代的神仙境界和贵族游乐转向了更为广阔和平易的世俗生活，转向对锦绣河山的歌颂。宋徽宗时期王希孟创作的《千里江山图》（图6-8），是青绿山水的旷世杰作。

《千里江山图》是王希孟18岁时创作的不朽长卷，是我们所能见到的早期最大的一幅青绿山水卷轴画。此图用一匹整绢画成，为全景青绿山水，气魄宏达，构图严谨，充分体现出中国画散点透视的特点。整个画面着色浓重，多勾勒，少皴笔，用晕染来加强画面的艺术氛围。这幅画代表了院体青绿山水精密不苟、严格遵循格法的画风，富丽堂皇、气象万千，无论是画面的容量上还是艺术水平上，都是堪与《清明上河图》媲美的巨作。

图6-8 王希孟 宋《千里江山图》

（3）南宋院体山水画

真正代表南宋山水画主流的是讲究意境的创造、以抒情为主要目的"边角之景"。画家在取景上多以局部特写的方法来加强描写的力度，在画法上多以水墨苍劲的大斧劈皴为特色，从而以细节的真实构成清净的意境。这种新风格的代表是院体山水画家李唐、刘松年、马远、夏圭，他们四人被称为"南宋四家"。李唐是公认的开创这种新风的一代宗师。继承他技法的刘松年则在描写江南景色方面有着突出的贡献。马远、夏圭再是以构图多为截取一角或片断的不全之景，画面中留下大片的空白，因而被人称为"马一角"和"夏半边"。他们放弃北宋以来高山急流式的构图样式，常以对角线式构图，把画面的重心放到偏离中心的位置，留下大面积的空白。画面上的内容少了，意境却更丰富了。如果说北宋山水画是崇高的，那么南宋山水画则是优美的；北宋山水画是充实的，南宋山水画则是空灵的；北宋山水画是宽厚的，南宋山水画则是玲珑的。

李唐（约1066—1150年），字晞古，河阳三城（今河南孟县）人。48岁时遇皇家画院招考，试题"竹锁桥边卖酒家"。李唐从"虚"处着手，没有重点描绘酒家，而在小溪桥畔的竹林深处，斜挑出一幅酒帘，正切合到"竹锁"的深意。这种"露其要处而隐其全"的艺术手法使宋徽宗大为赞赏，亲手圈点为第一名，遂成为宋徽宗时期画院的专职画家。金军攻破汴京后，他辗转到临安，以卖画为生，穷困潦倒。80岁高龄才被举荐重回画院。传世作品有山水画《万壑松风图》（图6-9）《清溪渔隐图》《长夏江寺图》等，借古喻今的人物故事画《采薇图》《晋文公复国图》。

图6-9 李唐《万壑松风图》

有些画家仅凭一幅作品即可跻身大师的行列，《万壑松风图》就是这样的杰作。此画是李唐70岁左右时的手笔。此图中大、小斧劈的技法也有了基本雏形，最能打动人的是它能将常见的高山、流水、白云、青松等景物营造成一个宁静似太古的艺术境界，让人们深切地感知和体悟到自然界的永恒和伟大。

刘松年，钱塘（杭州）人，南宋宫廷画家，多描写西湖一带的风光，画风在强劲简率中显得精细秀润，与李唐的气势雄壮形成了对比。他的山水画被誉为"院人中绝品"。藏于故宫博物院的《四景山水图》（图6-10）是以春夏秋冬为主题的山水组画，并穿插以贵族人物活动。四景中充满了文人的生活气息，极富有诗意。全卷布置精严，笔苍墨润，设色妍丽典雅，代表了刘松年山水画的风格和成就，也是传世南宋山水画中难得的杰作。

图6-10 刘松年 《四景山水图》

马远和夏圭是南宋画院画家，在构图章法上有突破性的创造，采用边角式构图方法，使画面的重心偏离正中，留下更多空白，烘托的气氛和表现的意境更具特色。

马远，字遥父，河中（今山西永济县）人，宋光宗、宋宁宗时的画院待诏。"一门五代皆画手"，有很深的渊源。他近承家学，远学李唐，形成了自己的风格，对南宋后期院画有很大的影响。他的作品往往是以一边半角的构图，让空白传达出某种意境。在用笔上，他扩大了斧劈皴法，画山石用笔直扫，水墨俱下，有棱有角。他的作品在当时很受推崇，画院中学他风格的人也不少。故宫博物院所藏《踏歌图》（图6-11）《水图》是其代表作。

图6-11 马远 宋《踏歌图》

《踏歌图》是马远的传世名作。图中奇峰突兀，不再居于中心，而是置于远景和一旁，殿阁隐现于云烟迷蒙之中，近处山径曲折，竹翠柳疏，几个农民正结伴踏歌于垅上。整个画面清旷秀劲，上部似笼罩在扑朔迷离的仙气之中，下部却是现实人物风俗画，二者被中间的云雾相连，和谐自然。同藏于故宫博物院的《水图》也是他的代表作，原为册页，今裱成手卷，以勾线为主，分别描写12种水态，显示了作者高超的技巧。

夏圭，字禹玉，钱塘（今浙江杭州）人，宋宁宗时画院待诏，取法李唐，画风与马远极为相近，画史中并称为"马夏"。构图亦多空白，人称"夏半边"，他对水墨技法的掌握比马远更为精致。北京故宫博物院的《遥岑烟霭图》（图6-12）是其小幅画页的代表。构图是典型的一边半角式，景物只占画面下方很小的一部分，远处层层山峦被茫茫云雾环绕，若隐若现。中墨色湿润，加之大量水分，使笔画充分融入水墨之中，把江南山川的灵秀滋润表现得淋漓尽致，小中见大，以少胜多，充满了精致且耐人寻味的意趣，凝集了无限深远的艺术魅力。

图6-12 夏圭 宋《遥岑烟霭图》

夏圭喜欢用长卷的形式，表现出江南景物在风、雪、烟、雨中的变化。《山水十二景图》《长江万里图》《溪山清远图》是其山水长卷精品。

3. 花鸟画的繁荣

五代两宋花鸟画的发展丝毫不逊色于山水画。突出成就集中反映在西蜀黄筌父子和南唐徐熙身上。文人士大夫的水墨花鸟画与院体花鸟并存，达到了很高的艺术水平。到元代，文人画的长足发展使以"梅兰竹菊"四君子为主题的水墨花鸟得以广泛流行，画家们逐步由"以形写形"开始向"以意写形"转变，如钱选、陈琳、赵孟頫、王冕等。

（1）五代花鸟画

五代西蜀和南唐，政局相对稳定，经济繁荣，上层社会奢侈享乐风气盛行，这是花鸟画的生存土壤。

唐玄宗和唐僖宗先后逃难到蜀，把宫廷贵族文化带入四川，"黄家富贵"样式的花鸟画迅速发展起来。黄筌和徐熙的花鸟画相映生辉，"黄家富贵，徐熙野逸"。

黄筌（约903—965年），字要叔，四川成都人，西蜀宫廷画家，后入北宋画院。黄筌及其子黄居宝的作品格调富贵，多画宫中珍禽瑞鸟、名花奇石。造型准确，工整细致，设色富丽浓艳，符合宫廷贵族的欣赏趣味，所以有"黄家富贵"之称。追求形象的真实和画面的生趣是黄筌花鸟画的基本格调。黄派花鸟画被北宋画院奉为圭臬，风靡百年之久。他传世的作品至今仅有《写生珍禽图》（图6-13）。

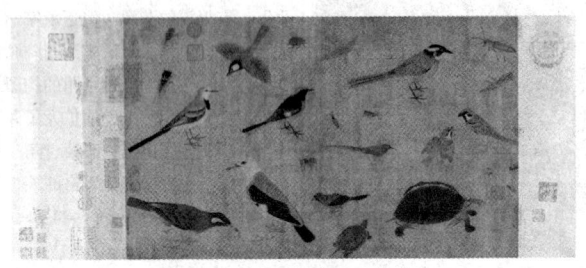

图6-13 黄筌 西蜀《写生珍禽图》

《写生珍禽图》现藏于北京故宫博物院，此画描绘飞鸟、昆虫、龟介等20余种类型，造型逼真，对于鸟羽的蓬松感、蝉翼的透明感、龟壳的坚硬感等的刻画，达到了栩栩如生的效果。左下角款署"付子居宝习"表明此画是黄筌教儿子黄居宝习画的范本。

徐熙，江宁（今江苏南京）人，五代南唐士大夫画家。他虽出身名门望族，但不求闻达，闲散江湖，多选材于田野景象，描写"汀花野竹，水鸟渊鱼，蔬菜茎苗"。画法上自创"落墨法"，属于小写意的方法。可惜他的真迹今已不传，上海博物馆收藏的《雪竹图》被专家认为反映出徐熙画法风格。徐熙的画适合文人趣味，开水墨淡彩和水墨写意花鸟画的先河。北宋初期徐熙画风并不为画院所崇尚，中期以后才受到文人士大夫的赞赏，并对其后的水墨花鸟画产生了较大影响。

（2）宋代花鸟画

宋代是中国花鸟画繁荣时期。北宋初期百余年，"黄家富贵"画风在花鸟画中占主导地位。到宋神宗时，赵昌、崔白、易元吉、吴元瑜的出现，打破了"黄家富贵"一统天下的局面，标志着具有宋代文化特点的院体花鸟画面貌的出现。

黄居寀（933—?），字伯鸾，四川成都人，五代、宋初画家，黄筌第三子。宋代黄复休的《益州名画录》中称其"画艺敏赡,不让于父"。《山鹧棘雀图》(图6-14)是黄居寀仅存的一幅真迹。溪水旁,坡石上一只山鹧斜着身子,正准备啄饮溪水,那长长的尾巴横跨整个画幅。一群野雀飞来,姿态各异,停在细竹、荆棘上。画家着意刻画大石头上的山鹧,红嘴黑颈,朱爪绿羽,雍容华贵。其画法是先做勾勒,然后着色。

赵昌,字昌之,四川广汉人,宋初著名花鸟画家。虽与黄体同为工笔设色画,但意境恬淡幽远,清新俊逸,在北宋花鸟画家中独具面貌。《杏花图》(即《粉花图》,中国台北故宫博物院藏)、《写生蛱蝶图》(图6-15)为其作品。

图6-14 黄居寀《山鹧棘雀图》

图6-15 赵昌 宋《写生蛱蝶图》

《写生蛱蝶图》以墨笔勾秋花虫草,彩蝶翔舞于野花之上,蚂蚱跳跃于草叶间,整幅绘画给人以秋风送爽的愉悦和轻柔的美感。形象准确自然,设色淡雅,以工整的线条进行勾勒。构图上以主要的空间描绘飞舞的蝴蝶,使其画面具有一种田园野趣的意境。此图无款印,明代董其昌称为赵昌画。

崔白(约1004—1088年),字子西,濠梁(今安徽凤阳)人,北宋院画家。他不受黄筌父子浓艳细密的画风束缚,另创一种清雅疏秀的画风。崔白擅画花竹、禽鸟,尤其工秋荷,注重写生,强调笔墨的表现力,勾线劲利如铁丝。崔白的出现,标志着花鸟画中开始形成具有宋代文化特点的独特面貌。他的传世名作有《双喜图》《寒雀图》(图6-16)等。

图6-16 崔白 宋《寒雀图》

《寒雀图》中环境的描写被简略化了,只剩下一株老树偃仰虬曲以此传达隆冬时节的荒凉冷寂。一群叽叽喳喳的麻雀,在老树枝头鸣跳嬉戏,它们情态各异,充满活力,画出了麻雀好动的特性。同时画家运用了对比、变换等形式美法则,如老树干的横斜平直与麻雀形体的浑圆柔润的直与曲对比,环境的寒荒寂廖与麻雀的充沛活力对比,为作品增添许多艺术魅力。

赵佶(1082—1135年),即宋徽宗,北宋皇帝、书画家。他即位前就喜欢绘画,在位时广收历代文物、书画,集一时之盛,扩充并亲自掌管翰林图画院;使文臣编辑《宣和画谱》《宣和书谱》《宣和博古图》等书。在宋徽宗时期,代表官方意志的《宣和画谱》首次将花鸟画赋予人类的道德情操,所谓"花之于牡丹芍药,禽之于鸾凤孔翠,必使之富贵……"。这种理念在之后很长时间里,都成为花鸟画家们自觉不自觉遵循的原则。他擅画花鸟、山水、人物,获有"妙体众形、兼备各法"之誉。画后押字用"天水""宣和"和"政和"小玺或用瓢印虫鱼篆文，还常押书"天下一人"。传世作品有现藏故宫博物院的《芙蓉锦鸡图》（图6-17）、上海博物馆的《柳鸦芦雁图》、辽宁博物馆的《摹张萱虢国夫人游春图》和《瑞鹤图》等。

赵佶花鸟画的风格可分为两类，一类是以工笔赋色的作品，一类是以水墨为主的作品。《芙蓉锦鸡图》是第一类的代表。此图画芙蓉、菊花双勾工整。锦鸡回首，仰望双碟双飞。这幅画写实技巧相当高超，锦鸡羽毛的华美及细致斑纹、芙蓉花枝因锦鸡停栖其上的摇曳动荡都刻画得传神逼真。

南宋画院花鸟画是宣和院体的延续，尤其是宋徽宗对花鸟集册的兴趣，使作为宫廷装饰用的小幅作品特别发达，流传至今的杰作也数量可观。

图6-17 赵佶 宋《芙蓉锦鸡图》

### 4. 文人画

文人画泛指中国封建社会中文人、士大夫所作的画，其特点是综合了文学、书法、绘画、篆刻等艺术，表现画家的多方面文化修养和审美趣味，以别于民间画工和宫廷画院职业画家的绘画。北宋苏轼提出"士人画"，明代董其昌称道"文人之画"，皆是说的文人画。文人画产生于北宋，成熟于元代，极盛于明清，在很大程度上左右了我们今天对"中国画"这一概念的理解。

随着绘画表现技巧的不断发展与成熟，到了宋代以后，写实绘画的表现手段仿佛已趋于极致。在这种情况下，求变、求发展就成为一种必然。绘画由再现自然转向书写情怀，由广阔的外在真实转而向深邃的内在真实。因此，在北宋中期院体画兴盛的同时，在院外的部分文人士大夫当中，兴起一股借绘画抒发性情的"笔墨游戏"。这种"笔墨游戏"即被后人称为"文人画"，以苏轼、文同、晁补之、米芾等人为代表。

（1）苏轼的文人画论

苏轼（1037—1101年），字子瞻，号东坡居士，四川眉山人。他是宋代文人墨客作画的倡导者和实践者。他的《枯木竹石图》借枯木怪石寄情遣怀，抒写胸中磊落不平之气，是典型的文人画。当然苏轼在绘画史上的意义还在于他的文人画观。

苏轼在《东坡题跋·跋汉杰画山》中，首先提出了"士人画（即文人画）"概念，"形"与"理"的论述对文人画的发展有着很深的影响。他认为"论画以形似，见于儿童邻"，无论是作画还是评画，如果以"形似"来判断成败，这是十分幼稚和肤浅的。经过苏轼的大力提倡，更多的文人士大夫对绘画产生了兴趣，是元以后风行的文人画理论基石。

（2）文同的《墨竹图》

文同（1018—1079年），字与可，号笑笑先生，人称石室先生，梓州永泰（今四川盐亭）人，苏轼称他有诗、词、书、画四绝。他注重体验，主张画竹必先"胸有成竹"而后动笔。他画竹叶，创浓墨为面、淡墨为背之法，学者多效之，形成湖州竹派。存世画迹有《墨竹图》（图6-18）等，相传是他的作品。

图6-18 文同 墨竹图

竹在我国传统绘画中有着极其重要的地位，文人画竹是因为竹与人的某些高尚品格相似。文同的墨竹，乃虚心、劲节、不慕荣华、凌寒不凋的人格精神的体现。文同虽不是以墨笔写竹的第一人，但他最大限度地发挥了墨的作用，浓墨为叶面，淡墨为叶背，创造性地表达了竹子的神韵个性，后人公认他为墨竹一派开宗立派之人。

（3）米氏云山

米芾（1051—1107年），字元章，别号甚多，有海岳外史、鹿门居士等。祖籍山西太原，晚年定居润州（今江苏镇江）。因个性怪异，举止癫狂，遇奇丑怪石称之为"兄"，人称"米颠"。宋徽宗诏为书画院博士，人称"米南官"。米芾长住江南，尤其对镇江一带的云山烟雨，饱游细览，创造了"米氏云山"。米芾山水画的真迹至今无一遗存。我们只能通过其子米友仁的山水画和元代的一些模仿想象米芾山水画的面貌。《潇湘奇观图》（图6-19）是其子米友仁的作品，画卷表现江南山水云雨微茫、丛林隐现的意境。以中锋卧笔作浓淡枯湿的横点、积点成山，树冠也用点法画成，后人称之为"米点皴"。"米氏云山"对元明清文人画产生了巨大的影响。

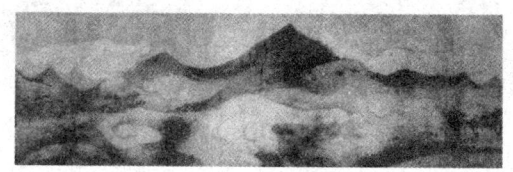

图6-19 米友仁 宋《潇湘奇观图》

（4）李公麟

李公麟（1409—1106年），字伯时，号龙眠居士，舒城（今安徽桐城）人。在艺术形式上，李公麟把唐代的"白画"创造性地发展成了"白描"，使"白描"成为独立的绘画形式，成为后人学画所遵从的样板典范。在中国绘画技法中，线描是最具特色的技法之一，而纯用线条和浓淡墨色描绘实物的白描画法，可以说是线描技法发展的最高最纯的阶段。白描画法符合了时代审美趣味的变化，因而很快流行起来，并称为文人士大夫的审美标准。传世作品有《西园雅集图》《免胄图》《五马图》（图6-20）等。

图6-20 李公麟 宋《五马图》

《五马图》是传世中最可信的李公麟真迹之一，画的是西域进献给北宋王朝的五匹骏马，每匹马前均有奚官牵引。人马造型准确，均以单线勾出，线条概括洗练，流畅而含蓄。

（5）扬无咎的墨梅与赵孟坚的墨兰

宋代形成的"四君子"绘画题材——梅兰竹菊是中国花鸟画中较早形成的情感符号。墨梅据说是苏轼同时代华光和尚的首创。南宋画家扬无咎进一步发展了墨梅画法。扬无咎，字补之，今江西南昌人，他画梅花师法华光，变水墨点瓣为用墨线圈出花瓣，更适宜表现疏香淡色的梅花特性，有一种清爽不凡的韵致。其存世作品有《四梅花图》（图6-21）《雪梅图》《墨梅图》等，其中《四梅花图》画梅花未开、欲开、盛开、将残四种状态，枝干皴擦用飞白，花瓣用白描勾出，表达出一种既工致又洒脱的文人画风格。扬无咎在墨梅艺术史上地位极高，直接影响了南宋赵孟坚、元末王冕等墨梅名家。

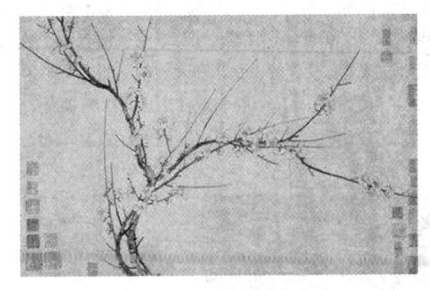

图6-21 扬无咎《四梅花图》　　　　图6-22 赵孟坚《水仙图》

赵孟坚（1199—1264年），字子固，浙江嘉兴人。宋宗室，宋太祖11世孙。作品以墨兰、白描水仙最精，给人以"清而不凡，秀而雅淡"之感，受到历代士大夫的推崇。传世作品有《水仙图》《岁寒三友图》《墨兰图》（图6-22）等。他的《墨兰图》画墨兰两丛，生于草地上；兰花盛开，如彩蝶翩翩起舞；兰叶柔美舒展，清雅潇洒。

（6）元初文人画

元代在中国绘画史上的地位不容忽视。由于实行民族歧视政策，不少文人处于失意境地，常以书画自娱，使得文人画繁荣发展。元代文人画比宋更突出了"水墨形式"，更突出了士大夫知识分子的抒情寄意。山水画成了中国画的主流，人物画退居二线，一直延续到明清。

元初，在赵孟頫、钱选、高克恭等文人画家的倡导下，画坛上形成了一种摒弃南宋院画传统，取法北宋以至唐人的一代文人画新风。赵孟頫和元初诸名家是中国绘画史上承前启后的大师。

赵孟頫（1254—1322年），字子昂，号松雪，别号欧波，为宋太祖赵匡胤11世孙，吴兴（今浙江湖州）人。宋亡后家居不出，与钱选等人有"吴兴八骏"之号。赵孟頫绘画题材广泛，风格多样，山水、人物、竹石、花鸟"悉造微，穷其天趣"。在艺术表现形式方面，无论工笔、写意、青绿、水墨都十分精彩。他的画变革了南宋院体格调，开创了元代画风。现藏美国普林斯顿大学美术馆的《幼舆丘壑图》是他的早年作品，学青绿画法，风格高古稚拙。中国台北故宫博物院收藏的《鹊华秋色图》（图6-23）为文人画风式青绿设色山水。采取平远法构图，用写意笔法画诸岸树木，树干简略双勾，树叶用墨随意点成，笔法灵活，书法意趣浓厚，被画界誉为元代文人画的代表作。

图6-23 赵孟頫 元《鹊华秋色图》

钱选（约 1239—1300 年），字舜举，号玉潭，又号巽峰。他与赵孟頫是朋友和同乡，同居"吴兴八骏"之列。钱选也是诸体精通，人物、山水、花鸟、蔬果、鞍马都很擅长。主要代表作有上海博物馆收藏的《浮玉山居图》（图 6-24）、故宫博物院收藏的《山居图》和《八花图》、天津市艺术博物馆收藏的《花鸟图》、山东省博物馆收藏的由山东朱檀墓出土的《白莲花图》、美国大都会艺术博物馆收藏的《兰亭观鹅图》《柴桑翁像》等。

图 6-24　钱选《浮玉山居图》

钱选山水画以自己居住的浮玉山和苕溪为题材。图中峰峦分三组，山势峻峭，湖上烟雾蒙蒙，山坳白云缭绕，还有用简笔点缀的茅舍、小桥、老翁、渔舟，一派江南水乡之色。此图青绿设色，但笔意冲淡，画意静穆，类似水墨。全用中锋，以勾代皴，笔势细腻。

黄公望、王蒙、倪瓒、吴镇是元代最具代表性的画家，被明代董其昌推崇为"元四家"。他们的绘画体现了中国文人画的共同特点，又各具魅力，黄画空灵潇洒，王画苍茫雄浑，倪画简淡荒疏，吴画沉郁湿润，均为后世景仰的典范。

黄公望（1269—1354 年），字子久，号大痴、一峰，晚号井西老人等。本姓陆，名坚，平江常熟（今属江苏）人。幼时有神童称号，50 岁左右才专心于画，最精山水画。后人认为元四家"以黄公望为冠"。黄公望的山水画到了晚年有浅绛和水墨两种风格。浅绛是山水中的淡设色，以墨为主，以华青、赭石二色次之。黄公望把皴擦、赭石色淡和汁绿、花青加墨加染糅于一体，并多用草绿渲染，成功地表现了南方秋山之景，被后世推崇为"浅绛山水"真正的创始人，《天池石壁图》《丹崖玉树图》《江山胜览图》是这类风格的代表。黄公望的水墨山水，皴擦较少，笔意简原逸迈，《富春山居图》（图 6-25）《九峰雪迹图》是其代表。

图 6-25　黄公望　元《富春山居图》

《富春山居图》是黄公望的传世杰作，同时也是元代山水画中的精品。黄公望于 1347 年起笔，至 1350 年 81 岁题跋时，尚未最后画完。山石多用披麻皴干笔皴擦，极少渲染，丛树平林多用横点，笔墨纷披，林峦浑秀，似平而实奇，一峰一状，一树一态，变化无穷。此画以清润的笔墨，简远的意境，把浩渺连绵的江南山水表现得淋漓尽致，是文人画中超逸洒脱之意味和精湛的笔墨技巧相结合的完美典范，也是中国山水画的典范。

王蒙（1308—1385年），字叔明，号黄鹤山樵，吴兴（今浙江湖州）人，是赵孟𫖯的外孙。王蒙擅画山水，亦工诗文书法。他喜欢用枯笔、干皴，多用解索皴、牛毛皴或细笔短皴。《葛稚川移居图》《太白山图》《丹山瀛海图》《秋山草堂图》是其设色山水的代表作。《青卞隐居图》（图6-26）是水墨山水的代表作。

《青卞隐居图》是王蒙风格成熟期的精心之作。峰峦曲折盘桓重叠峥嵘，气势雄伟秀拔。山间林木茂密，山径迂回，飞瀑高悬直泻。此画构图繁密而层次分明，用多种方法表现江南溪山林木的苍郁繁茂和湿润感，能代表王蒙创作的最高水平。元朝以后他的这种风格繁密的山水画被奉为范本，广为流传摹写。

图6-26　王蒙 元《青卞隐居图》

倪瓒（1301—1374年），字元镇，号云林、幻霞子等，无锡人，元代画家、诗人。倪瓒主张绘画不求形似，是对苏轼"论画以形似，见与儿童邻"的文人画理论的深化，代表了元代绘画创作思想的一般趋向。传世作品有《渔庄秋霁图》（图6-27）《容膝斋图》《雨后空竹图》《梧竹秀石图》等。

《渔庄秋霁图》是倪瓒55岁时的作品，充分展现了他成熟时期的典型画风。画卷描绘江南渔村秋景及平远山水，构图是独具倪瓒个人特色的"三段式"。画面上、中、下分为三段，上段为远景，三五座山峦平缓地展开；中段留白，以虚为实，权作烟波浩渺的湖面；下段为近景，坡石上高树数株，参差错落，枝叶疏朗，风姿绰约。整幅画不见飞鸟，不见帆影，也不见人迹，一片空旷孤寂之境。

吴镇（1280—1354年），字仲圭，号梅花道人，嘉兴（今浙江嘉兴）人，是元四家中真正的隐士。他一生安贫乐道，结交和尚、道士、隐逸文人之流。他酷爱梅花，家宅四周，遍种梅花。吴镇一生画了许多幅《渔父图》（图6-28），传世作品还有《洞庭渔隐图》《双绘平远图》等。

图6-27　倪瓒 元《渔庄秋霁图》

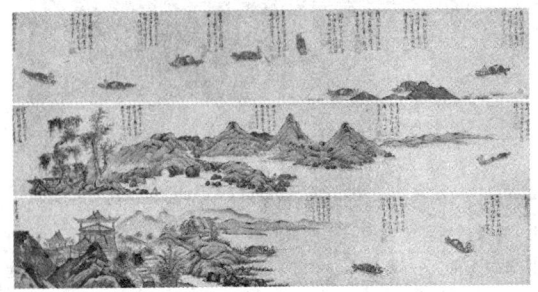

图6-28　吴镇 元《渔父图》

《渔父图》主体正是对渔夫归隐的歌颂。近景坡岸起伏，两树高耸。中景湖水涟漪，芦荻婆娑，右边一叶扁舟随波荡漾。对岸群山远岫，冈峦起伏，溪流潺潺，构成一派令人向往的宁静世界。他的画笔法苍劲，湿笔攒点，墨色湿润浑厚，沉郁深茂中营造出一种水墨淋漓、变幻无穷的韵味。

元代花鸟画多为表达士大夫寄情畅怀的方式，题材集中于竹、梅、兰等象征意义较强的形象上，其中以王冕的墨梅最为著名。

王冕（1287—1359年），字元章，浙江诸暨人，元末画家、诗人。他擅长画梅，特色是老干横斜，新枝挺秀，具有鲜明的借物抒情、托物言志的特点。传世作品《墨梅图》嫩枝挺拔，生机勃露。画史上，画梅者众，但以画梅著称者寡，王冕是这凤毛麟角中最负盛名的一个。

总之，中国文人画从北宋发端，到元代完全成熟。文人画的成就，集中体现在山水画与花鸟画上。

5. 人物画

（1）五代时期的人物画

五代时期的人物画，与山水、花鸟画一样，呈现出地域风格的分野。南唐以画院画家为主，发展了中晚唐以来的世俗化倾向，技法更加精丽秀致，享有声望的人物画家有顾闳中、周文矩等人。

顾闳中（约910—980年），江南人，曾为画院待诏，是五代南唐著名的人物画家。他画的人物像，神情意态逼真，用笔圆劲，间有方笔转折，设色浓丽。传说李后主命顾闳中潜入韩熙载府第，目识心记，绘成举世闻名的《韩熙载夜宴图》（图6-29），具有肖像画性质，现藏于故宫博物院。作者不仅描写表面的纵情欢乐，而且深入人物内心世界，描摹出主人公空虚无聊的精神世界。

图6-29 顾闳中 五代《韩熙载夜宴图》

在刻画人物和用笔的工细劲健，设色的富丽匀净等方面，已掌握了很高的技巧。如对服装上的那些细如毫发的织绣纹样，极尽工细之能事来描绘。

周文矩（约907—975年），建康句容（今属江苏省），五代南唐画家，尤精于画仕女。他的仕女画题材从内容到表现形式，都继承了唐代周昉的传统而更加繁复纤丽。传世作品有《琉璃堂人物图》《重屏会棋图》（图6-30）《宫中图》等。

《重屏会棋图》画南唐中主李璟与其兄弟三人下棋的情景。主体人物后面塌上屏风为白居

图6-30 周文矩 五代《重屏会棋图》

易《偶眠》诗意画，为三折山水屏风，故曰"重屏"，画中有画，别有情趣。此图是五代重要的肖像画作品，人物情态刻画细致，衣纹线描皆细劲曲折而略带顿挫，属于典型的周文矩画风。

（2）宋代人物画

武宗元（984—1050年），北宋时最重要的宗教画家，字总之，河南白波（今河南孟津）人，擅画佛道鬼神。他的宗教人物画受吴道子影响，现存《朝元仙仗图》（图6-31），为五方帝君朝见元始天尊行列的左部。

《朝元仙仗图》画面上真人、仙人玉女、神将、大帝等共80余人井然有序，飘然前行，浩浩荡

荡，画面繁复而协调，在统一中求变化。

图6-31 武宗元 北宋《朝元仙仗图》

梁楷，南宋东平（今属山东）人，居钱塘（今浙江杭州）。宋宁宗嘉泰间曾为画院待诏，在画院有很高的声望。他的水墨人物画成就突出，深入观察所画人物的精神特征，充分表达出了画家的感情，从而把写意人物画往前推进了一大步。传世作品有《泼墨仙人图》（图6-32）《太白行吟图》《布袋和尚图》等。

《泼墨仙人图》是现存最早的一部泼墨写意人物画，表现了一位烂醉如泥、憨态可掬的仙人形象。仙人的衣袍以泼洒般的淋漓水墨抒写，笔简神具、自然潇洒；又用简括细笔夸张地画出带有幽默感的沉醉神情，令人回味无穷。梁楷对人物画体系"离经叛道"的大胆革新，丰富了传统人物画的技法。

（3）元代人物画

元代人物画呈衰败之势，但人物画的传统却为民间画工所继承，手迹在山西芮城永乐宫壁画、山西洪洞县广胜寺壁画上得以留存，成为元代人物画的一大亮点。

图6-32 梁楷 南宋《泼墨仙人图》

永乐宫是中国著名的道教宫观，壁画现存于龙虎殿、三清殿、纯阳殿和重阳殿四座大殿内，构图宏阔而严谨、工整，技法精湛的壁画总面积800多平方米。纯阳殿是奉祀吕洞宾而建，殿内壁画绘制吕洞宾从诞生起到赶考、得道、离家、超度凡人、游戏红尘等经历的53幅神话连环画故事。每幅之间用山石、云雾、树木、田园等自然景色相隔相连，从而使整个画面浑然一体。无论是规模还是艺术成就，在中国现存的寺观壁画中都是罕见的。永乐宫壁画还提供了许多民间画工的名字，如山西朱好古及其门人马君祥、张尊礼等20余人。

6. 风俗画

风俗画是以一定地区、民族或一定阶层人们的日常生活、民俗风情等为描绘题材的绘画，它也是绘画表现现实生活的重要画科。这是宋代人物画科中引人注目的一个新现象。《货郎图》《婴戏图》《牧放图》都是流行题材。在风俗画方面，成就最高的要属张择端的不朽长卷《清明上河图》。

张择端，字正道，东武（今山东诸城）人，北宋徽宗时画院待诏，擅长画舟车、市肆、桥梁、街道、城郭，自成一家。张择端的画作大都散佚，只有《清明上河图》（图6-33）《西湖争标图》等作品存世。

图6-33　张择端 北宋 《清明上河图》

《清明上河图》是北宋风俗画中最为著名的杰作。此图以全景式构图，严谨精细的笔法，展现了都城各阶层人物的生活状况和社会风貌。作者采用了传统的手卷形式，从鸟瞰的角度，以不断推移视点的办法来摄取景物，段落节奏分明，结构严密紧凑。全卷人物众多，繁而有秩。即使是一个小细节，也生活趣味十足。有位拉着车子从桥上下行的农民，为了克服下坡惯性的作用，他不得不用力把着车杆，弯腰弓背，叉开双腿，以减缓车速。《清明上河图》用高度概括和集中的手法，细腻地描写了各种复杂的社会生活和世俗生活，不愧为我国古代绘画中最杰出的作品之一，它在社会、历史学的研究及绘画史上，都具有极其重要的价值。《清明上河图》对后代的风俗画创作有很大的影响。

（二）书法

宋元时期是中国书法艺术的发展及转折时期。宋初书法家大多追求笔墨的情趣，帖学风靡，"二王"之书受到重视。到苏轼、黄庭坚、米芾、蔡襄四位书法大家的出现，达到了宋代书法的高峰，被后人合称为"宋四家"。元代也很重视书法，书法家达300多人，其中赵孟頫、鲜于枢、倪瓒等成就最突出。元代书法总的发展趋势是以继承古代诸名家的传统法度为主，扭转了南宋的衰弊书风。

1. 苏轼《黄州寒食诗帖》

《黄州寒食诗帖》（图6-34）代表了苏轼行书的最高成就，是可以和《兰亭集序》《蔡侄文稿》并称的艺术珍品，也有人将它称为"天下第三行书"。此帖笔触时重时轻，应和着诗句内容，传达出作者因政治倾轧被贬到黄州的愤慨、屈辱和无可奈何的复杂心情。它是宋人尚意书风成功的代表作。

图6-34　苏轼 宋 《黄州寒食诗帖》

2. 赵孟頫《洛神赋》

元代书法以赵孟頫成就最高，篆、隶、草、行、楷皆能，成就最高的是楷书和行书。结体端庄秀丽、章法均衡整齐，用笔遒劲，人称"赵体"。传世书法作品有楷书名作《胆巴碑》《湖州妙严寺记》《仇锷碑》等，小楷《汲黯碑》，行书作品《洛神赋》（图6-35）《赤壁二赋帖》《定武兰亭十三跋》等。

《洛神赋》长卷首先在形制上给人以无限开阔之感，用笔娴熟，潇洒飘逸之气流荡其间，结体端整严密，一丝不苟，

图6-35　赵孟頫 元 《洛神赋》

字里行间洋溢着一种高贵、典雅的气息。赵孟頫书法成就及观念,深深地影响了后人。

## 七、明清时代的书画

明清时代文化发展的总趋势是日趋保守,但局部城市经济的繁荣、南方资本主义萌芽,又让明清书画在崇古的大势中出现了不少逆流而行的画派和艺术家。

### (一)绘画

#### 1. 明代绘画

明代绘画可以分为前期、中期和晚期三个时期。

(1)明代前期绘画

明代前期,是文化继承、扬弃前代,逐步明确的时期。画坛上,宫廷绘画与浙派盛行,形成了以继承和发扬南宋院体画风为主的时代风尚。

宫廷绘画和院体

明代宫廷绘画承袭宋制,但没有专门设置画院机构。朝廷征召的许多画家,隶属于内府管理,多授以锦衣卫武职。明宣宗、宪宗和孝宗都喜好绘画,宫廷绘画创作在宣德后达到鼎盛时期,一时呈现具有明代特色的"院体"画风,成为当时画坛主流。正德(1506—1521年)以后,国力渐衰,统治者对绘画兴趣不高,宫廷绘画很快失去光彩,吴门派兴起,逐渐取代了"院体"的主流地位。

明代宫廷绘画人物画取材比较狭窄,以描绘帝后的肖像、行乐生活、文武功臣、君王的礼贤下士为主,如商喜的《明宣宗行乐图》、谢环的《杏园雅集图》、刘俊的《雪夜访普图》等。风格基本上延续宋代传统。

山水画以南宋马、夏为主要宗法,也兼学郭熙,著名画家有李在、王谔、朱端等人。李在仿郭熙几可乱真,王谔被称为"明代马远",其《月下吹箫图》画面简净爽朗,笔力挺拔,一派秋夜萧疏辽阔的气象,与马远《踏歌图》的笔墨极为相似。

明代宫廷绘画成就最突出的是花鸟画,以边景昭和朱瞻基最为典型。

边景昭,字文进,沙县(今福建)人。明代宫廷画家,擅画禽鸟、花果,其画风以端庄妍丽的工笔重彩取胜,完全继承了两宋院体的作风。传世作品有《三友百禽图》(图7-1)《双鹤图》《春禽花木图》等。

《三友百禽图》绘初冬之景。岩坡上,梅、竹、松三友为支干,上百只大小不等、羽毛异色的禽鸟聚集其上,或飞或鸣,或嬉或息,呼应顾盼,仰俯侧反,各尽其态。构图虽繁复,但因巧于穿插,所以繁而不乱,显示了画家深厚的艺术功底。

朱瞻基(1399—1435年),朱元璋曾孙,建元宣德,在位10年(1425—1435年),庙号宣宗。宣宗本人爱好丹青,山水、人物、走兽、花鸟、草虫无不臻妙,在明清两代君主中堪称翘楚。在他的提倡下,画院呈现兴隆之势。

《苦瓜鼠图》(图7-2)绘一活泼可爱的小老鼠在圆石之上,回首

图7-1 边景昭 明《三友百禽图》

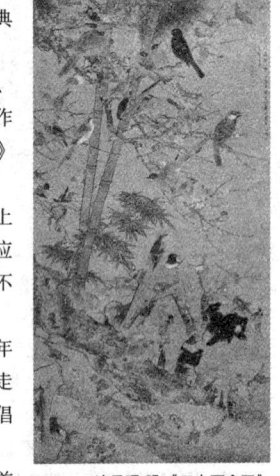

仰望着苦瓜。小鼠茸毛用干笔皴擦，富有质感；眼睛用黑墨点出，炯炯有神，顾盼之情，跃然纸上。瓜藤攀缘竹枝，长草于石缝。瓜叶、草丛用水墨写意，藤枝挥洒如草书，笔墨多取自元人水墨花卉、竹石画法，具较多生拙的文人画意趣。

浙派

浙派活跃于宣德年间，与宫廷画院并重于画坛，因创始人戴进为浙江人，故有浙派之称。继起者吴伟为湖北江夏人，画史也称他为"江夏派"。戴吴二人都曾进过宫廷，画风均源自南宋院画，故浙派与宫廷院画有密切的关系。

图7-2 朱瞻基 明《苦瓜鼠图》

戴进（1388—1462年），字文进，号静庵、玉泉山人，浙江钱塘（今杭州）人。戴进初为银工，后改习绘画。宣德年间以善画被举荐入宫，传被谢环等人排挤出宫，回到杭州，卖画为生。戴进是明代前期最著名的画家，山水、人物、花卉无所不能，尤其山水画最为出色。其画风靡一时，形成浙派，传世作品有《风雨归舟图》（图7-3）《春山积翠图》《关山行旅图》等。

《风雨归舟图》，画家以兼工带写的方法，描绘出风雨交加中的群峰树木，渔夫逆雨行舟，樵夫冒雨赶路，用笔奔放豪纵，水墨苍劲淋漓，"风雨归舟"的主题十分醒目。

吴伟（1459—1508年），字士英、次翁，号小仙、鲁夫，江夏（今湖北武汉）人。孝宗时授锦衣卫百户，赐"画状元"印，但他不喜欢这种生活，不久称病回到南京，作为职业画家，靠卖画为生。吴伟画法远师马、夏，近学戴进，画风以简括奔放、气势磅礴见长。他的代表作《江山渔乐图》《长江万里图》（图7-4）等都以迅疾粗放的笔墨、刚健奔放的线条、雄伟磅礴的气势见长。

戴进、吴伟前后接踵，影响了一大批画家。浙派著名画家还有周文靖、倪端、钟礼、王谔等，还有吴伟的追随者张路、蒋嵩、汪肇等。正德后浙派逐渐衰微。

图7-3 戴进 明《风雨归舟图》

图7-4 吴伟 明《长江万里图》

（2）明代中期绘画

明代中期，是明代绘画独立面貌的形成时期。

## 吴门画派

苏州地区吴门画派崛起,取代了浙派在画坛的霸主地位。沈周和文徵明两人都属于诗、书、画三绝的地方名士,将元人的疏简放逸变为文雅蕴藉,是元代文人画与明末董其昌之间的重要环节。唐寅和仇英有别于沈周、文徵明,代表了吴门派中不同的类型,都作为职业画家,雅俗共赏的特点更突出。

沈周(1427—1509年),字启南,号石田,晚号白石翁、玉田翁,人称白石先生,明代中期的著名画家,吴门画派的创始人。沈周的祖上都很有文化,且主张不仕,他也是布衣终身,吟诗作画,追求精神上的自由,以山水和花鸟成就突出。在方法上,沈周早年承家学,后博采众长,形成苍劲雄逸的独特风格。沈周山水画有两种面貌:一种是学王蒙,画法严谨细秀,用笔沉着劲练,人称"细沈",如《庐山高图》等;一种笔墨粗简豪放,气势雄健,人称"粗沈",如《沧州趣图》《扁舟诗思图》等。

台北故宫博物院收藏的《庐山高图》(图7-5)是41岁时为祝贺老师陈宽70岁寿辰的精心之作。他没去过庐山,借老师原籍的名山表达高山仰止之意。此画模仿王蒙手笔,画庐山峰峦层叠,草木繁盛。整幅画山石树木笔法细密苍劲,用墨隽秀,山峦没有沉重险绝之感,而是增添了几分温雅柔丽。此图是沈周师法宋元,又创新意的杰作。

沈周的花鸟画也颇有创造。《辛夷墨菜图》(图7-6),淡墨与色彩相兼,状物精微逼真。前段白菜用水墨写意画法,粗劲的墨线勾出菜茎,酣畅的浓墨渲染菜叶,真实而又洗练,表现出他吸收了南宋院体和元末文人画的两种传统。他的写意画法,对后来的陈淳颇有影响,推动了花鸟画向水墨大写意发展的进程。

图7-5 沈周 明《庐山高图》

图7-6 沈周 明 辛夷墨菜图

文徵明(1470—1559年),初名璧,字徵明,后又改字徵仲,祖籍衡山(今属湖南),号衡山居士,长洲(今江苏苏州)人。文徵明出身书香门第,54岁得同乡举荐成为翰林待诏,但仕途不得志,58岁时称病还乡,乐山林之志,以诗书画为精神家园达30余年。文徵明书画造诣全面,山水、人物、花卉、兰竹皆精,以山水画题材数量最多,成就也最高。特别是创立了极富文人画意趣的小青绿样式,对后世有深远影响。在笔墨风格上,形成了"粗文"和"细文"两种画法。早年以工细为主,中年较粗放,晚年则粗细兼能,笔墨愈加苍秀,富于变化。《溪桥策杖图》《仿吴镇山水》《古木寒泉图》是其粗文代表作,苍劲郁密。《兰亭修禊图》《惠山茶会图》(图7-7)《绿荫清话图》等是其细文代表作,缜密秀雅,尤为后人所重。

图7-7 文徵明 明《惠山茶会图》

《惠山茶会图》是细笔小青绿画法，是文徵明以茶会友、饮茶赋诗生活的真实写照。画面描绘的是清明时节，文徵明同书画好友游览无锡惠山，饮茶赋诗的情景。该画体现了文徵明早年山水画的细致清丽、文雅隽秀的风格。

唐寅（1470—1523年），字子畏，一字伯虎，号六如居士、桃花庵主，自称江南第一风流才子，吴县（今江苏苏州）人，明代画家、文学家。出身商人家庭，自幼聪颖，29岁参加科举考试，应天府解元，因此又称"唐解元"。30岁进京应进士考试，被误认科场作弊，羞愤不已，自此绝意仕途，潜心书画，容院体的工笔与文人画的笔墨于一体，既注意追求形象的真实性和具体性，又讲究情趣意境，重视主观感受和笔墨的蕴藉，雅俗共赏，自树一帜。

《落霞孤鹜图》（图7-8）中高岭耸，茂密的柳树掩映着水阁台榭，下临大江，阁中一人独自眺望着落霞孤鹜。唐寅此画取法南宋院体，但变斧劈皴为清劲细长的皴法，使画面增添了几分柔润之气，寓雄健于隽秀之中。学南宋院体，却能融入文人情调，是唐寅的独特面貌。

《孟蜀宫伎图》（图7-9）取材于五代西蜀后主孟昶的宫廷生活，以工笔重彩精心描绘了4个细眉小眼、弱不禁风的盛装宫伎。采用"三白"设色法，用白粉烘染额头、鼻尖和下颌。用这一装饰方法表现美人风姿嫣然的情态，是唐寅的创作，后来仇英等一大批民间画家都学用此法。

图7-8 唐寅 明《落霞孤鹜图》　图7-9 唐寅 明《孟蜀宫伎图》

仇英（约1498—1552年），字实父，一作实甫，号十洲，江苏太仓人，后移居江苏吴县（今苏州）。他早年为漆工，但显露出绘画天分，为文徵明、唐寅所器重，又拜周臣门下学画。中年以后以朋友兼清客的身份在鉴赏家周凤来、项元汴、陈官家中若干年，见识了大量古代名画，临摹了大量精品，打下了深厚的传统功底。仇英从临摹前人名迹处得益，精谨清雅，擅长着色，以青绿山水和工笔人物著称。传世作品有《桃源仙境图》（图7-10）《汉宫春晓图》《春夜宴桃李园图》《柳下眠琴图》等。

图7-10 仇英 明《桃源仙境图》

《桃源仙境图》静丽而华美，是仇英大青绿山水精品。画面布置繁密，结构谨严，气势连贯，意境深邃。在艺术表现上，无论一草一木、一树一叶，还是人物的动态表情都勾勒精工，细致入微。色彩浓而不艳，色调和谐统一，呈现出蕴藉淡雅的效果。

文物修复与保护

水墨写意花鸟画派

水墨写意山水画在元代成熟时，花鸟画仍然显得宁静而拘谨。明初柳良开始了水墨写意花鸟画的探索，沈周、文徵明、唐寅的水墨花鸟，进一步追求笔墨情趣，并强调对象神态与画家情趣统一，为水墨花鸟走向狂放不羁做了有效铺垫。此后，水墨写意花鸟画在陈淳、徐渭笔下，变得充实、成熟、完美起来，后世将他们二人并称为"青藤白阳"。

陈淳（1483—1544年）字道复，号白阳山人，少年天才，初学元人，后学文徵明，进一步发展了水墨写意技法。他擅长水墨花卉写生，取材多为文人庭院中种植的花木，形态清幽高雅，剪裁巧妙而有生气。表现手法方面，能自觉把书法和山水画的用笔经验移入花鸟画，运用水墨的干湿、浓淡和渗透变化，微妙地表现出花叶的形态转折和阴阳向背，简练准确，放逸中不失法度，传世作品有《葵石图》（图7-11）《松菊图》《山茶水仙图》等。

《葵石图》是陈淳中年水墨写意花卉画杰作。整幅画不着一点颜色，正锋、侧锋、逆锋多变运用，配合着墨的浓淡、干湿、焦润，给人以清新烂漫的韵致。在此之前，花鸟画基本局限于枯木、竹石、梅兰等具有特定象征意义的题材，而在此之后，则扩大到了花鸟画领域所涉及的一切题材，标志着花鸟画的成熟。

图7-11 陈淳 明《葵石图》

徐渭（1521—1593年），初字文清，后改字文长，号天池山人、青藤道士，浙江山阴（今绍兴）人。他天资聪颖，20岁考取秀才，然而后来连应8次乡试都名落孙山，终身不得志于功名。在绘画上以写意花卉为主，敢于大胆创新，将情感寄托在水墨写意花鸟画之中。

《墨葡萄图》（图7-12）笔墨酣畅，老藤盘曲交错，葡萄倒挂枝头，晶莹欲滴。画幅上方行草题诗："半生落魄已成翁，独立书斋啸晚风。笔底明珠无处卖，闲抛闲掷野藤中。"画家的积郁之情跃然纸上。徐渭是明代中期文人水墨写意花鸟画的杰出代表。"公安派"领袖人物袁宏道写下《徐文长传》，可以说是其第一个知音，后来追随者众多，其中有八大山人朱耷、甘当"青藤门下牛马走"的郑板桥等。艺术大师齐白石在提到徐渭时，曾说"恨不生三百年前，为青藤磨墨理纸"，也足以说明他对后人影响之深。

图7-12 徐渭 明《墨葡萄图》

（3）明代晚期绘画

明代晚期，以董其昌为代表的画家在文人山水画方面另辟蹊径，形成了许多支派。

松江画派

明代江南松江府地区（今属上海）工商业发达，文化艺术兴盛，地位仅次于苏州府。到明代后期，松江地区形成了以顾正谊为首的华亭派，继起者有莫是龙、董其昌、陈继儒等，势压吴门，职业画师宋旭、沈士充虽自立门派，但美学思想、绘画风格基本一致，且多是松江府人，学界遂以大地域而论把他们归入一个画派——松江画派。

董其昌（1555—1636年），字玄宰，号思白、香光居士，松江华亭（今上海市松江县）人。他在《画禅室随笔》一书指出："禅家有南北二宗，唐时始分；画之南北二宗，亦唐时分也，但其人非南北耳。北宗则李思训父子着色山水，流传而为宋之赵干、赵伯驹、伯骕，以致马（远）、夏（圭）辈。南宗则王摩诘（维）始用渲淡，一变钩斫之法，其传为张璪、荆（浩）、关（仝）、董（源）、巨（然）、郭忠恕（熙）、米家父子（米芾和米友仁），以致元之四家（黄公望、王蒙、倪瓒、吴镇），亦如六祖之后，有云门、临济儿孙之盛，而北宗微矣。"他提出的绘画理论，尤其是南北宗论，对明末清初的绘画产生了重大影响。

明末的人物画大家

明末文人画与民间绘画继续相互渗透，取得了引人注目的成就，尤其是肖像画，因曾鲸、崔子忠和陈洪绶的创作而呈振兴之象。

曾鲸（1568—1650年），字波臣，福建莆田人，活动于浙江杭州、乌镇、宁波、余姚一带，专门从事肖像画，并开创了一个肖像画流派——波臣派。他的肖像画，人物面部高度逼真，衣纹的处理又颇含文人趣味，在当时影响很大，江南一带文人士大夫大多请曾鲸为自己留影。他所开创的画法在于它先用淡墨线勾出轮廓和五官位置，然后以淡墨和淡赭石按面部结构层层渲染出阴影和凹凸，而且每画一像，烘染数十层，最后再上一层淡彩。曾鲸传世作品有《葛一龙像》（图7-13）《王时敏小像》《张卿子像》《黄道周像》。

葛一龙是和曾鲸同时的一位著名文人。主人公倚书斜坐，头戴巾帽，身着长衫，密髯丰颊，两眼远视，一容貌清俊、沉静儒雅的才子跃然纸上。

图7-13 曾鲸 明《葛一龙像》

崔子忠（1574—1644年），初名丹，字开予，改名子忠，字道母，号青蚓，北海（今山东莱阳人）。他曾师从董其昌学画，擅画人物，题材多佛画及传说故事。所画人物面目奇古，衣纹用铁线描，劲健有力，风格独特，与陈洪绶齐名，享有"南陈北崔"的美誉。作品《藏云图》《云中玉女图》（图7-14）《洗像图》等传世。

《云中玉女图》画一玉女站立于飘忽升腾的云中，侧首注视下方。此图笔墨精妙，设色清雅，有缥缈空灵之感，注重传神，玉女回首顾盼的体态，含情脉脉的眼神，揭示出其丰富的内心世界。

陈洪绶（1598—1652年），幼名莲子，字章侯，号老莲、悔迟。出生于浙江官宦世家暨望族。自小在蓝瑛那里学画，19岁创作出《离骚·九歌图》。崇祯年间被召入宫，临摹历代帝王像，画技大进，以书画名满京城。在明朝灭亡的前一年，回到故乡，把一腔热血化为悲愤狂放和愤世嫉俗，并以画寄托自己的思想感情，创作了许多的杰作，《屈子行吟图》（图7-15）最为出色。

《屈子行吟图》在技法上采用以线条勾画为主的

图7-14 崔子忠 明《云中玉女图》

图7-15 陈洪绶 明《屈子行吟图》

白描手法，笔势苍老润洁，刚柔相济，尤其是衣纹线条古拙粗犷，具有装饰性的形式美，显示出陈洪绶变化多姿、削繁求简的作画才华，及古拙怪诞的画风。

## 2. 清代绘画

清代绘画也可以分为初期、中期和晚期三个时期。

### （1）清代初期绘画

清代初期，这一时期最有成就的画家大都生于明卒于清。

#### 四王吴恽

清初成名并取得统治地位的"四王吴恽"，包括王时敏、王鉴、王翚、王原祁、吴历、恽寿平，画史上又称清初六家。他们的绘画曾被认为是清代画史上的"正统派"，在清初到鸦片战争的200年间，影响不衰。

王时敏（1592—1680年），字逊之，号烟客，晚号西庐老人，江苏太仓人。出生于书香官宦之家，崇祯初年官至太常，明亡后隐居山林，以诗文、绘画自娱。他少年就得董其昌、陈继儒的赏识，主张"摹古逼真便是佳"，总结了前人经验心得，对于绘画历史的整理与研究，也做出了贡献。主要作品有《仿黄子久秋林图》《溪山楼观图》《仙山楼阁图》（图7-16）等，并著有《王烟客集》。

"仙山楼阁图"是一幅贺寿之作。此画布局严谨，在繁密中见清疏雅逸之情趣，勾线空灵，苔点细密，皴笔干湿浓淡相间，显示了王时敏深厚的笔墨功力。

王鉴（1598—1677年），字玄照，后改字元照、圆照，号湘碧、染香庵主，江苏太仓人，明代文坛巨子王世贞孙。王鉴曾任明末廉州太守，也称"王廉州"，入清后不仕，以书画自娱。他工画山水，受董其昌影响，多拟仿宋元，长于青绿设色，擅长烘染，风格华润。王鉴比王时敏技法精湛，眼界宽阔。传世画迹有现藏于北京故宫博物院的《长松仙馆图》（图7-17）、藏于中国台北故宫博物院的《仿王蒙秋山图》。

图7-16 王时敏清《仙山楼阁图》　　图7-17 王鉴清《长松仙馆图》

"四王"布局不求奇险，而是注重笔墨功夫。他们模仿古人，尽管创新不足，但对前人技法的总结继承，对清代300年画坛影响至深，被奉为"正统派"。

吴历（1632—1718年），号渔山、墨井道人，江苏常熟人。他父亲早逝，31岁又连遭丧母和丧妻之痛，先是信奉佛教，44岁改信天主教，57岁在南京成为神甫，一生不近权贵。曾师从王鉴、王时敏形成笔墨谨质朴、气韵清新静寂的风格。45岁后，他接触了油画，并在构图上受到启发。

代表作《湖天春色图》（图7-18）是吴历44岁时的作品。画作明显有王鉴的韵味，用笔沉着细致，皴染秀润工细，设色清润淡雅，风格晴朗自然。作品采用平远法构图，视野开阔，同时树木从近到远大小长短不一，纵深效果也十分明显。

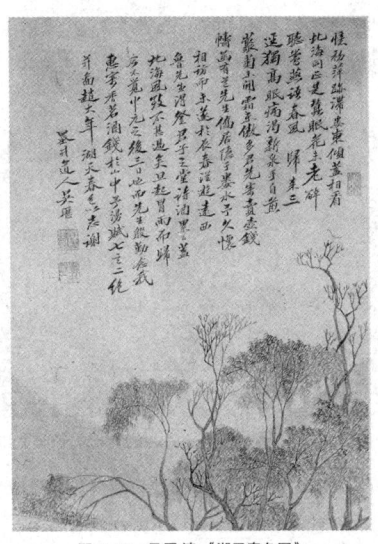

图 7-18　吴历 清《湖天春色图》　　　　　图7-19　恽寿平 清《蓼汀鱼草图》

恽寿平（1633—1690年），初名格，字寿平，后以字行，改字正叔，号南田，江苏武进（今常州）人。他出身于名门，受过良好的教育，对清采取不合作态度，甘于清贫，卖画为生。他是清初六家中惟一兼擅山水、花鸟的人，尤其是在花鸟画方面，敢于创造，成为清初最有影响力的花鸟画家。其代表作有《梧轩图》《秀柯修竹图》《蓼汀鱼草图》（图7-19）等。著有《南田诗草》《欧香馆集》《南田画真本》《南田集》等。

《蓼汀鱼草图》构图简洁，无远、中、近景之分，绘当山园池的一隅。全图笼罩在一片迷蒙的雾气中，笔墨轻灵秀洁，风格灵动洒脱，设色淡雅。

清初"四僧"及龚贤

清初，"四王吴恽"为代表的"正统派"受到官方的重视。江南地区则涌现出一批富有个性的画家。他们反对泥古不化和陈陈相因，崇尚革新创造，作品中流露出真性情，艺术形象里寄予着画家的爱与恨。代表人物为"四僧""金陵八家"及"新安派"等。其中"四僧"及龚贤的成就最为突出，对后世影响也最大。

"四僧"是指弘仁、髡残、朱耷和石涛，都是明朝遗民，有两位还是明代宗室。他们在政治上对清统治者都持不合作态度，借绘画寄托对故国山川的情感。他们冲破当时画坛摹古的藩篱，标新立异，振兴了当时画坛，对后世的影响也是深远的。

弘仁（1610—1664年），俗名江韬，字元奇，徽州歙县（今属安徽）人。明朝灭亡后入武夷山为僧，名弘仁，字渐江。弘仁早年从学孙无修，中年师从萧云从，后来师法"元四家"，风格特征主要源于倪瓒，构图洗练简逸，笔墨苍劲整洁，善用折带皴和干笔渴墨。作品《清溪雨霁图》《秋林图》《松壑清泉图》等，多清新之意。

故宫博物院藏《黄山天都峰图》（图7-20）笔法简洁，意境伟峻秀逸，松姿奇古，概括地表现了黄山松、奇石特征。

弘仁在当时的画坛颇负盛名,以其家乡徽州一带为最,与同乡查士标、孙逸、汪之瑞合成"新安四家"。他曾作黄山真景50幅,"得黄山之真性情",以画黄山著名,与石涛、梅清等人被称为"黄山画派"。

图7-20 弘仁 清 《黄山天都峰图》

图7-21 髡残 清 《雨洗山根图》

髡残(1612—约1693年),俗姓刘,字介丘,号白秃、石道人、残道者,湖广武陵(今湖南常德)人,与石涛并称"二石"。他是一位能书、擅画的多面手,人物、山水、花鸟皆能,以山水为最精。他继承了黄公望、王蒙的豪迈风格,用干笔皴擦、淡墨渲染、间以淡赭,风格雄奇磊落,意境幽深。他画的《雨洗山根图》(图7-21),笔墨纵横淋漓,层次丰富,多幽深繁复之趣,与画面上的草书诗文相得益彰。

朱耷(1626—1705年),字刃庵,江西南昌人。他是明朝皇室后裔,明灭亡后,他为了逃避政治上的迫害和表示对清代统治者的仇视,出家为僧,不久还俗当了道士,改名八大山人,并用"八大山人"在作品上落款,笔画连缀,很像"哭之笑之",借以表达国破家亡的切肤之痛。他尤以花鸟画成就最高,笔下的鱼和鸟神情奇特,与以往文人画那种优雅文静的气质迥异。郑板桥在题八大山人的画时说:"横涂竖抹千千幅,墨点无多泪点多。"

《荷石水禽图》(图7-22)也称作画家的自画像。画中的鸟是朱耷创作的典型,湖石临塘,疏荷斜挂,两只水鸟或昂首仰俯,或缩颈望立,皆目光向上,不屑于世,但处在不安之中。全画笔墨简练,画中大片空白更增强了作品悲凉的气氛。

尽管水墨大写意花鸟画派的开拓者是徐渭,而代表着这一画派最高成就的应该说是朱耷。他的写意画法对后代绘画名家产生了极为深刻的影响。扬州画派郑燮等以及任伯年、吴昌硕、齐白石、潘天寿、李苦禅、张大千等在画风上都不同程度地受到他的影响。

石涛(1642—1718年),原姓朱,名若极,法名原济,别号很多,常用的有清湘老人、苦瓜和尚等,广西全州(今全县)人,是中国绘画史上一位在理论和实践两方面都有着杰出成就的伟大画家。他和朱耷一样,也是明王室后裔,入清后为了躲避追捕杀戮出家为僧,游览了名山大川,在山水画方面成就卓著。作品笔法恣纵,粗犷处浓墨大点,细微处缜密严谨,构图新奇,意境深邃。他特别重视写生,主张"搜尽其峰打草稿",山水有千情万态,有真情实感,代表着清代

图7-22 朱耷 清 《荷石水禽图》

山水画艺术的最高成就。《黄山图》《听泉图》笔墨豪放而有雄伟的气势；《细雨虬松图》（图7-23）用笔略细，着重于对山水的真实感受；《黄山八胜画册》等则笔法老辣疏放；《余杭看山图》又用一种流动如水的线条来画山峰石皴，生动之致；《淮阳洁秋图》则笔墨雅致，给人以清新之感。

《细雨虬松图》表现秋日的黄昏，山中一场细雨过后，寂静的山谷被荡涤得干干净净。在这秋色宜人的时节，一位头戴风帽的老人在桥上拄杖慢行。画风清爽惬意，让人心旷神怡。

石涛不仅是一位卓越的画家，而且是一位杰出的绘画理论家，所著《苦瓜和尚语录》中，包含了许多深刻的艺术见解。如"我之为我，自有我在。……我自发我之肺腑，揭我之须眉""借古以开今""笔墨当随时代"等。在"四王"笼罩画坛的时代，石涛的艺术主张无疑具有超越时代的先知先觉色彩，石涛的绘画实践和美学思想，对扬州画派以及中国近代画坛影响深远。

图7-23 石涛 清《细雨虬松图》

"四王"与"四僧"都属于文人画体系，"四王"代表了追寻传统、重师古的正统派，"四僧"代表了重创新、张扬个性的创新派，两种思想相争相融，促进了清代绘画艺术的繁荣和兴盛。

"金陵八家"通常指龚贤、樊圻、高岑、邹喆、吴宏、叶欣、胡慥、谢荪，其中龚贤成就最为突出。龚贤（1618—1689年），字半千、野遗、号岂贤、半亩、柴丈人，江苏昆山人，后流落南京。他出身于破落的官宦之家，前半生一面习诗画，一面参加抗清的"复社"活动，后居于南京清凉山，以卖画授徒为生，过着坚守节操的清贫生活。有诗文集《香草堂集》、绘画专著《画诀》《柴丈人画稿》《龚半千课徒画说》传世。

龚贤擅长山水，用墨最具特色。他画山石树木，采用多皴擦渲染的积墨法，墨色极为浓重，但浓重中又有细微的深浅变化和巧妙的明暗对比。线条严谨整饬，然后再积染、皴擦，使大部分轮廓线与皴染浑然一体。龚贤的山水画传世很多，主要有《千岩万壑图》（图7-24）《木叶丹黄图》《夏山过雨图》等。

图7-24 龚贤 清《千岩万壑图》

《千岩万壑图》林木茂密，坡石雄浑，屋舍俨然，用笔细腻，墨色丰润而厚重，画面突出地表现了湿润浓重之感，体现了龚贤所追求的"气宜浑厚，色谊苍秀"的美学境界。龚贤的山水浑厚苍秀沉郁的独特画风，其直接效法者有王概、柳堉等人，后世也多有追随者，清代中叶镇江地区的张崟、现代的黄宾虹、李可染等，都从他的墨法中得到有益启迪。

## （2）清代中期绘画

清代中期，是清代社会安定繁荣达到顶峰并逐渐走向衰败的时期，宫廷画极为活跃，但呈现出精细而僵化、兴盛而乏力、庞大而不博大的特点。富有个性的扬州画派是这一时期画坛上的一抹亮色，一些画家艺术风貌突出，与流行风气迥异。

### 扬州画派

扬州自隋唐以来，即以经济繁荣著称。进入清代，虽然惨遭破坏，但经康、雍、乾三朝的发展，又呈繁荣景象。各地文人名流，汇集扬州，有"海内文士，多半扬州"之说。据《扬州画舫录》记载，本地画家及各地来扬州的画家稍具名气者多达100多位，"扬州八怪"就是其中的声名显著者。

"扬州八怪"是清代康熙到乾隆年间活动在江苏扬州地区画家群体的总称，又叫"扬州八家"，绘画作品数量众多，流传甚广。"扬州八怪"具体所指，说法不一，但扬州画派继承了徐渭、朱耷、石涛的创新精神，注重艺术个性，强调抒发真情实感，并善于运用水墨写意技法，并以书法笔意入画，注意诗、书、画的有机结合。但在当时，他们并不能够被完全理解，甚至被视为"怪物"，遂有"八怪"之称。其实，正是他们开创了画坛上新的局面，为写意花鸟画的发展拓宽了道路。

郑燮（1693—1765年），字克柔，号板桥，江苏兴化人。曾任山东范县、潍县知县，后被罢黜官回乡，在扬州以卖画为生。郑板桥67岁时，不堪俗客之扰，写出一张《板桥润格》。"大幅六两，中福四两、小幅二两、条幅对联一两，扇子斗方五钱。凡送礼物食物，总不如白银为妙；公之所送，未必弟之所好也。送现银则心中喜乐，书画皆佳。礼物既属纠缠，赊欠尤为赖账。年老体倦，亦不能陪诸君子作无益语言也。"这则润格是一张广告，也是一篇坦白爽妙文。

郑燮诗、书、画皆精，工于兰竹，尤精墨竹，注重"瘦与节"，擅长水墨写意，主张继承传统"学七撇三"，强调个人"真性情"。传世代表作品有藏于北京故宫博物院、上海博物馆、辽宁省博物馆等处的《墨竹图》轴、《兰竹图》（图7-25）轴等。

《兰竹图》是郑板桥71岁高龄时的力作。画面取景不落俗套，从地面起笔直上，不露竹梢。布局疏密相间，笔墨洒脱秀劲，富有感人的魅力。作长题于竹叶之间，隶行相掺，欹斜错落，是画面不可或缺的有机部分。

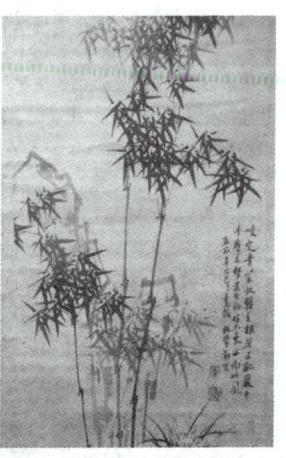

图7-25 郑燮 清《兰竹图》

金农（1687—1764年），字寿门，号冬心，又号稽留山民、曲江外史等，浙江仁和（今杭州）人，人称八怪之首。他博学多才，50岁才开始学画，笔墨稚拙，古意盎然，造境别致，更具画外之趣。所作梅花尤为出色，枝繁花多，往往以淡墨画干，浓墨写枝，圈花点蕊，黑白分明，并参以古拙的金石笔意，质朴苍老。传世画迹有故宫博物院藏《墨梅图》（图7-26）轴、《山水人物

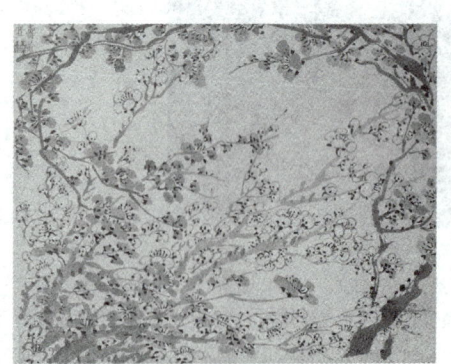

图7-26 金农 清《墨梅图》

画》册等。金农的梅花，从一个侧面反映了清代文人画的审美情趣。画多有代笔，是其弟子罗聘、项均及童子陈彭为之。有《冬心先生文集》等著作行世。

宫廷绘画

宫廷绘画是清代绘画的重要组成部分，宫廷画家们按照皇帝的授命作画，作品史料价值往往高于艺术价值。内容上多突出皇帝的权威，在构图、用笔、设色上的共同倾向是写实，风格富丽华贵。西洋画法与中国画法的融合，为清代宫廷绘画在传统的基础上增添了新的特色。画家无专门职称，康熙、雍正时称为"南匠"，乾隆时改称"画画人"，在正式文书中称"画院供奉"。较著名的宫廷画家有禹之鼎、焦秉贞、冷枚、袁江等，还有文人士大夫画家和传教士画家，郎世宁、王致诚、金延标、爱启蒙、安德义等。

禹之鼎（1647—1716年），字尚吉，号慎斋，原籍江苏兴化，寄籍江都（今扬州）。禹之鼎在清康熙时以擅画入职畅春园，成为最负盛名的肖像画家，"推为当代第一"。他的肖像画，往往把人物置于特定的情节、环境之中，力求如实地反映人物的行动举止和思绪心态，而少人为的痕迹。《幽篁坐啸图》（图7-27）是为当时任刑部尚书的诗坛巨子王士禛所画的肖像。

图7-27 禹之鼎 清《幽篁坐啸图》

王士禛论诗以神韵为宗，力求典雅，以"不着一字，尽得风流"为诗歌最高境界，风格接近王维、孟浩然，对清代诗歌影响很大。

清代人物肖像画的风格，大体有三种，一种是郎世宁等人的西洋画法，一种是曾鲸画法，但是继承传统画法的肖像画家仍占多数，禹之鼎就是其中翘楚。他的画风影响到丁以诚、费丹旭，直至任颐。

从西洋画吸收明暗法和透视画法而闻名天下的中国画家是焦秉贞。他是山东济宁人，康熙年间任钦天监，是西洋天文学家、天主教士汤若望的学生。传世的有《耕织图》《仕女图册》《列朝贤后故事册》等，其中以《耕织图》最为著名。

藏北京故宫的《仕女图册》（图7-28）是御览本，画中仅有"小臣焦秉贞恭画"一类识文。人物形象多纤弱，无鲜明个性特征，画风工整细致，线条硬劲匀直，色泽艳丽，整个画面有舞台布景的装饰效果。

郎世宁（1688—1766年）生于意大利米兰，1715年他以传教士的身份来到中国，被康熙皇帝召入宫中，从此开始了长达50多年的宫廷画家生涯。郎世宁是一位绘画全才，人物、肖像、走兽、花鸟、山水无所不精。在绘画中，他重视明暗、透视，用中国画工具，按照西洋画法作画，形成精细逼真的效果，创造出了新的中西合璧的画风，因而受到康熙、雍正、乾隆器重。他的代表作品有《聚瑞图》《嵩献英芝图》《百骏图》《平定西域战图》《竹阴西狑图》（图7-29）等。从其学画的甚多，有孙威凤、丁观鹏等，在宫中形成了一

图7-28 焦秉贞 清《仕女图册》

种新颖别致的画派，并使之成为雍正、乾隆时宫廷绘画的主要风格。但这种西洋画法在郎世宁死后也就衰落了。

《竹阴西猂图》是中西合璧式绘画的典范。画一只西方品种的良犬，身量细长，皮毛光泽，骨骼肌肉逼真而富有质感。周围散生着小草野花等，左端是苦瓜绕生的两竿绿竹。右下落款："臣郎世宁恭绘"，上钤"怡亲之宝"一印，可知此图为怡亲王允祥收藏。

（3）晚清绘画

清代晚期，社会的动荡也带来了艺术的蜕变，清中期的两个绘画中心——北京和扬州衰落了，新崛起的是上海和广州。上海和广州的艺术家立足于时代需要，有选择地继承传统，吸收西方文化并汲取民间美术成分，使得绘画出现了雅俗共赏的新格局。中国画走过了漫长的道路，既显示着成熟，也面临着新生。

图7-29　郎世宁 清《竹阴西猂图》

海派

海派是"上海画派"的简称，又叫"海上画派"，属于中国传统画流派之一，代表人物有赵之谦、任颐、虚谷、吴昌硕、黄宾虹等。"海派"通常被人们分为前后两个时期，前期以任颐（任伯年）为高峰，晚期"海派"则以吴昌硕为巨擘。

任颐（1840—1896年），初名润，字小楼，后字伯年，浙江山阴（今绍兴）人，我国近代杰出画家，是海上画派中的佼佼者。其父亲任声鹤是民间画大师，大伯任熊、二伯任薰，也是名声显赫的画家。受家庭影响，很小便能绘画。任伯年融会诸家之长，又吸收了西画的速写、设色诸法，形成自己风姿多彩、新颖生动的独特画风。他精于写像，是一位杰出的肖像画家。传世作品如《酸寒尉像》（图7-30）《三友图》《沙馥小像》等，可谓神形兼备。花鸟画笔墨简逸放纵，设色明净淡雅，形成兼工带写、明快温馨的格调，开辟了花鸟画的新天地，对近现代产生了巨大的影响。

《酸寒尉像》，作于清光绪十四年，吴昌硕时年45岁，任伯年约50岁。省略背景，以幽默的笔调把吴昌硕做小吏时矜持尴尬的局促相勾勒得活灵活现。淡笔草草勾写面部，略加皴擦，神采毕现。

图7-30　任颐《酸寒尉像》

吴昌硕（1844—1927年），初名俊，又名俊卿，字昌硕，号缶庐等，浙江安吉人，我国近代金石、书、画大师。吴昌硕的前半生十分坎坷，22岁中秀才后，凑钱捐了个典吏，自嘲为"酸寒尉"。吴昌硕初学浙派，后参以石鼓文，集诸家之长为一炉。其浑然天成的印风，如同中国画中的泼墨大写意，把几百年来印学推向一个新的高峰。由于他在印学方面的突出成就，吴昌硕被推选为西泠印社的首任社长。

吴昌硕50岁后才学画，以写意花卉著称于世，用金石篆籀之趣作画，画风天真烂漫。他的作品重**整体构图，崇尚气势韵律，笔墨设色，题款钤印均极其讲究**。传世作品有《天竹花卉》《紫藤图》《墨荷图》《杏花图》等。

《葫芦图》（图7-31）以大写意手法绘一丛葫芦S型悬挂，缠绕的藤蔓穿插灵活，尽显以草篆之笔入画的气势。他以泼墨写叶，浓墨勾叶筋，没骨法写葫芦，贯穿全画的是盘旋往复大藤，以书入画，是此画的血脉，生机盎然。在疏密虚实的处理上，实处密不透风，虚处中疏通透。此画设色古朴、用笔豪放，充分表现了吴昌硕古拙、浑重、豪迈的画风。

吴昌硕横跨清朝和民国，既为清朝最后一位，也为近代第一位伟大的艺术家，对现代绘画的影响无人可及。齐白石、潘天寿等卓越的花鸟画家，都是从吴昌硕这里吸收了许多养分。

**岭南画派**

明清两代，富庶的广东文风渐盛。明代唯一进入绘画主流的是林良，但他的成功其实不是广东文化的崛起，而是浙派影响的结果。进入清中期，广东出现了一些引人注目的画家，如黎简、谢兰生、苏仁山、苏六朋等。晚清的岭南绘画为现代绘画史上的岭南画派奠定了基础，其中花鸟画成就最大、影响最为深远的代表人物是居巢、居廉兄弟。

图7-31 吴昌硕《葫芦图》

此外，随着经济的发达和资本主义萌芽的出现，明清两代的民间绘画比较活跃。民间绘画包括风俗画、神像、释道、历史故事画、寺庙壁画、年画、书籍插画等，其中民间版画艺术最能体现明清时期民间艺术的水平和当时的文艺思潮以及人们的审美趣味。由于篇幅所限，不再赘述。

**（二）书法**

明代因皇帝提倡以书取仕，以致台阁体盛行。台阁体（清代称为馆阁体）指流行于馆阁及科举考场的书体，它强调楷书的共性，规范美观、整洁大方，因此也缺乏个性。明代中期，法帖汇刻本的传播造成崇尚帖学的风气形成。以祝允明、文徵明、王宠为代表的吴门书法，用各自的面貌传达出明代书风的多样性。明代末期的董其昌开创了古朴清雅的风格。明代中后期，书坛上则形成了一股空前的浪漫主义潮流，以表现书家自我精神和审美理想为圭臬。代表人物有张瑞图、黄道周、倪元璐。

清代书法则更具有活力，突破了宋元以来帖学的藩篱，碑学兴起，特别是篆书、隶书和魏碑体方面成就卓著，书坛呈现出群星璀璨的局面。清初以遗民书法家为代表，傅山、朱耷及王铎卓然成家。他们均取法秦汉碑刻，在篆、隶上取得了一定的成绩，尤以隶书成绩最大。随后"扬州八怪"中的金农、郑燮、李鱓等画家，也从秦汉碑刻中获益颇多，并创造性地以画入诗，别开生面。清代中期的书法更为活跃，颜楷、钱坫的篆书，桂馥、陈鸿寿的隶书都取得了较大的成就。集碑学中篆隶之大成者，当首推邓石如。乾隆年间翁方纲、刘墉、梁同书、王文治齐名，或以帖学自成一家，或兼通金石之学。清代晚期，碑学大盛，何绍基、赵之谦、杨守敬、吴昌硕、康有为等人以其独特的成就对现代书坛产生了深刻影响。

**1. 文徵明行书**

作为明代中叶书法中兴的代表人物，文徵明最为精绝的是行书和小楷。他的行书，融取了苏轼、黄庭坚、米芾、赵孟頫诸家，形成了自己的流利典雅、温润柔美的风格。传世墨迹很多，行书有《南窗记》《诗稿五种》《西苑诗》（图7-32）等。

《西苑诗》是文徵明56岁时在京任翰林院待诏时所作，

图7-32 文徵明《西苑诗》

共七律 10 首,描述宫城西御苑(即今北海)景色。书法苍劲流畅,风姿清丽秀雅,卷后有清王澍题跋,并有"庆邸鉴赏书画之章"等藏印多方。此卷书于嘉靖甲寅(公元 1554 年),距成诗时隔 30 年,文徵明已 85 岁。

### 2. 董其昌行书

董其昌不仅是晚明著名画家、理论家,还是继赵孟頫之后的一位帖学大家。行书以"二王"为宗,又得益于颜真卿、米芾、赵孟頫诸家。其书法空灵中透性情,分行布白,疏宕秀逸,创造了一种不食人间烟火的秀雅风格。传世书迹有《乐毅论》《王维五言绝句》《杜甫醉歌行诗》(图 7-33)等。

《杜甫醉歌行诗》这部作品是其淡远之境的典型,分间布白疏朗绰且跌宕错落,笔法有意识追求生涩之味,结体大小不一,取右高左低的欹侧之态。在墨法上,浓淡枯湿极尽变化,尤其善用淡墨,把书法引向宁静幽雅、柔和超脱的境界中去,于天真潇洒中表达自己的个性追求。

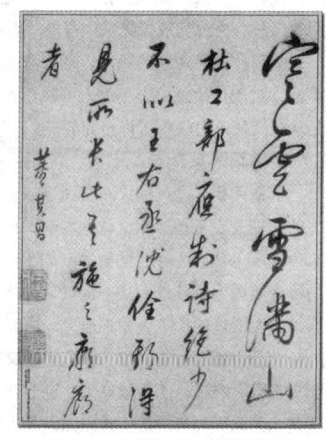

图 7-33 董其昌《杜甫醉歌行诗》

### 3. 郑簠隶书

郑簠(1622—1693 年),字汝器,号谷口,江苏上元(今南京)人。隶书在经过两汉的短暂繁荣之后,千余年冷落沉寂,到了清代才又重新振兴,一时间名家辈出。其中开宗立派、功绩卓著的大家就是郑簠。他用毕生精力寻访汉隶碑刻,创造出了飘逸奇宕的隶书新面貌。他主要学《史晨碑》《曹全碑》等,并把《曹全碑》的挺劲秀逸的特点加以发挥,又融入草书笔意,所作隶书线条流畅遒丽,点画飘逸舒展,有草书的流动,有"草隶"之称。

《隶书立轴》(图 7-34)是郑簠隶书的代表作之一。通篇典雅清秀,处处渗透出深厚的汉碑功底,此立轴中之撇捺笔画能表现出创新意识,雁尾飞舞飘逸而不失沉着。字大小相近,结构紧凑,加上撇捺的开拓、粗细疏密富有变化,所以古拙中见流动,沉雄宽厚而不失秀媚活泼,一洗宋元以来拘谨刻板之势。

### 4. 邓石如篆书

邓石如(1743—1805 年),原名琰,字石如,因避仁宗讳,以字行,号顽伯、完白山人等。他出生于寒门,主要靠自学,后得到曹文埴、金辅之等人的推荐,名声大振。邓石如为清代碑学家巨擘,楷、行、草、篆四体皆长,尤以篆书成就最大。其篆书初学李斯、李阳冰,后学《禅国山碑》、《三公山碑》、石鼓文以及彝器款识、汉碑额等。他富有创造性地以隶书笔法作篆书,大胆地用长锋软毫,提按起笔,大大丰富了篆书的用笔。他晚年的篆书雄浑苍茫,臻于化境,开启了一代篆书新风。同时邓石如也是篆刻家,开创皖派中的邓派。

图 7-34 郑簠《隶书立轴》

图 7-35 邓石如《唐诗集句》

篆书《唐诗集句》（图7-35）是邓石如代表作。用笔杀锋取劲折之势，在圆转之处加上方笔，使圆浑流畅的线条熔铸方刚雄强之美。结字取势趋于狭长，字字屹立，生动多姿，线条组合安排疏密对比强烈，空灵与结实和谐统一，风姿洒脱。

5. 吴昌硕篆书

吴昌硕于书法各体皆精，都具有气势磅礴、苍劲雄浑的特点，其中最有影响力的，莫过于篆书。其篆书初师杨沂孙，后专工石鼓文，一生用心其上，也旁涉秦权量和琅琊、泰山等刻石，广泛汲取营养，最后形成自己的独特风格。他一生临写了大量的石鼓文和石鼓文轴，早年工稳雅健、谨守法度，中年增以恣肆，从端正转向欹侧，由劲健变为豪纵，晚年渐收过分追求欹侧取势的习气，近于沉雄，体势复归向平正。

篆书《临石鼓文》（图7-36）是1925年吴昌硕82岁时所书，为其晚年篆书精品。结体上，变原作的正方为长方，化内敛为开张，变温和娴静为动感活力；运笔上，原作以平静为主，少提按变化，作品逆锋重按、轻提疾出，既富有节奏，又力感充沛；原作线条偏于瘦劲，作品粗壮厚实；章法上，原作均衡排布，较为空灵疏落，作品反之，字距与行距非常紧密，形成密集化的图式。在这幅作品中，我们看不到拘泥于原作的临摹，看到的是独特诠释与再现，这就是吴昌硕的书法魅力之所在。

图7-36 吴昌硕临石鼓文

# 第五章　书画装裱

## 一、书画装裱技艺发展

中国书画的材料以绢和宣纸为主，质地纤薄柔软，一旦着墨上色之后往往褶皱不平，为了便于观赏收藏，必须对其进行加厚加固，这是装裱最为根本的作用。同时，装裱还具有装饰美化和文物保护的功能。正是因为有了装裱技术，今天我们才能更好地感受到历代书画珍品的无穷魅力。俗语讲"人靠衣裳马靠鞍"，对于书画，装裱就等同于衣裳和马鞍，为书画艺术增光添彩。虽然"三分画七分裱"的说法有些夸张，但可以肯定，没有经过装裱的书画，不能完整体现中国书画的真正魅力。当然，不恰当的装裱反过来也会使好的作品黯然失色。明周嘉冑在《装潢志》里说，"装潢者，书画之司命也"，可见装裱的重要意义。

传统书画装裱是书画艺术创作的延伸和完善，以手工装裱的形式体现。手工装裱是依据书画毛笔、宣纸、烟墨、颜料等材料的特点而采取的特定技艺。

中国书画装裱的历史可以追溯到晋代。晋代以前，装裱还没有成熟。到了南朝，《后汉书》的作者范晔就以善于装裱而闻名，且装裱开始得到重视。唐代《名画猎精录》中记载：贞观、开元中，内府图书皆用"白檀香为身，紫檀香为首，紫萝襻织成带，以为官画之襟"。可见，唐初宫廷书画装裱已经颇具规范，当时日本还派特使来学习。大中初年，张彦远著《历代名画记》，特别强调收藏、鉴识、阅玩、装裱之间的密切关系，并有专门一章"论装备褾轴"，考察了当时装裱发展的历史，论述了装裱过程中煮糊、修补、装轴等具体细节，文人士大夫开始把装裱当作鉴赏活动中的一项重要内容。

宋代，随着丝织品的发达，绫、罗、绸、纱、锦等名目众多，为装裱技术的发展提供了物质条件。据记载，南宋内府书画装裱用锦的花色就有五十五种之多。北宋徽宗、南宋高宗时宫廷对书画装裱都做出了具体规定，就是所谓的"宣和装"和"绍兴御府书画式"。宫廷之外，文人士大夫对装裱也乐此不疲，米芾所著《画史》《书史》中就有许多关于装裱的论述。他能够把龟裂和污损的古画重新揭洗装褙，裱件平滑坚实而不生毛，故以此自矜其装裱之妙。

明清以后，书画装裱逐渐成为一种专门行业，著名的流派有苏裱、京裱、杨帮。"苏裱"裱件平挺透软，镶料配色文静，装制和谐贴切，整旧得法，有"吴装"之誉；"京裱"色彩艳丽，裱褙厚重，舒卷之间，当当作响；"杨帮"则擅长揭裱古画，仿古装裱。旧画哪怕是已支离破碎，一经修复，即为完物。在这样的背景下，明清两代出现了装潢学的专著，明周嘉冑的《装潢志》和清周二学的《赏延素心录》，两者对书画装裱的技艺流程进行了较为系统和全面的论述，是明清两代装潢技艺的总结。

现代字画装裱的技艺，是在古代装潢工艺的基础上发展起来的。现代的科学技术生产出品种繁多的纸张、绫锦、颜料、黏合剂、刀具、电动器械等，防潮防蛀、去霉去污的技术手段也越来越完善。这些都为书画装裱创造了优良条件。同时，现代美术馆、博物馆的展览，也给装裱技术的发展提供了良好契机。如何把古代装裱的技艺、经验和优良传统与现代科学技术和社会需要完美地结合起来，这便是目前书画装潢业面对的基本问题。

## 二、书画装裱设备工具与材料

书画装裱不仅需要场地宽敞、通风和明亮，而且对装裱工具与材料也很有讲究。应该说，工具与材料是否得当直接关系到装裱的质量优劣。

### （一）场地要求

首先要满足使书画干透的要求，干透的书画下墙后才能平整。一般来讲，南方相对潮湿，不宜设置在一楼或者地下室。场地也不适合设置在顶层，顶层夏天炎热、冬天寒冷，温差大，容易使书画在装裱贴墙的过程中产生绷裂的现象。此外，书画装裱某些工序对温度、湿度也具有极高的要求，门窗密闭性要好，同时须具有良好的通风功能，要适当开启门窗，让一定量的自然风流动。光线上，场地需要有明亮的光线，从光源稳定性来讲，以北窗射入光线为佳，受日照光的影响最小。

### （二）装裱台

装裱台又叫"裱台"或"案子"，朱红色，台面油漆传统上使用生漆，也叫"大漆""中国漆"，大的尺寸在360厘米×180厘米左右，小的尺寸在244厘米×122厘米左右。

### （三）纸墙

纸墙也叫"大墙"，南北方在材料上略有差异。南方多采用细木条做底、上覆夹板或杉木条的板墙；北方则多使用在方木格上层层糊纸的纸墙。纸墙要平整结实，大画可以竖贴，手卷可不拼接或少拼接。条件允许的话，墙高最好能达到350厘米。

### （四）其他设备

电磁炉、锅：不锈钢锅，多用于制糨糊时加热。

排笔：

用于装裱上墙、刷平。好的排笔要求毫长且饱满，根部黏结牢固，使用后笔毛不分叉。值得注意的是，使用前要除去离根的笔毛，用后洗净，笔头朝下晾挂。

棕刷：

用于托画芯、覆背、上墙、上糨糊等。好的棕刷编得紧密而结实。新购的棕刷需要进行加工后才能使用。半新半旧时的棕刷反而是最好用，因为其棱角已被磨去，不易勾毛、刷破宣纸。使用前要潮水，用后必须洗干净，否则会影响下次使用。

隔糊纸：

拍糨糊时使用，一般为薄型的塑料片，尺寸为20厘米×35厘米左右，边口要平直，不能太厚，厚了会造成糨糊堆积，影响裱件质量。

裁刀、剪刀：

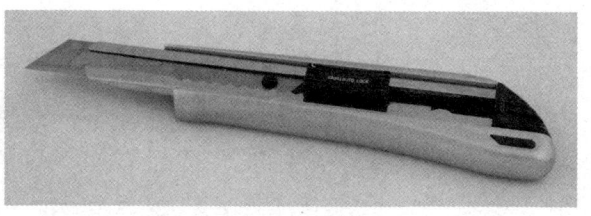

主要用于材料裁割，裁刀目前主要使用美术刀，也可以使用自制刀具或手术刀。

尺子：

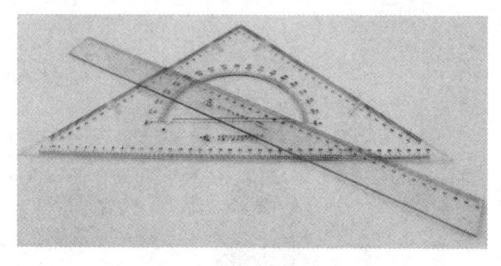

有机玻璃直尺或不锈钢直尺，用于压画、测量。也可备上卷尺，常用 300 厘米左右长的卷尺来量裱件及材料的尺寸。

镊子：

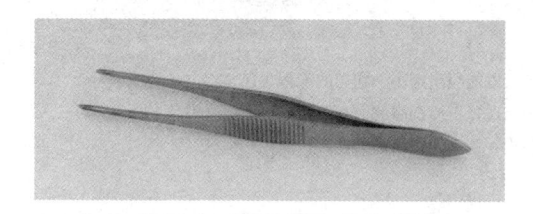

用于装裱中细节拾取和分离。可用尖头或弯头的镊子。

竹启子：

用于书画或材料下墙时启开四边和裁割宣纸。传统竹启子用毛竹制成。

毛笔、画笔：

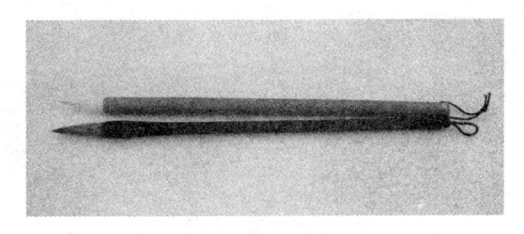

用于软局条上糨、裱件局部漏糨后补糨。

喷水壶：

用于喷潮宣纸等，以能喷出细小、均匀的水雾为佳。
砑石：用于砑画，选择石质细腻的，与纸接触的面要光滑。
蜡板：用白蜡制成，使用四川白蜡为佳。
盆：

用于盛装糨糊、清水，常用塑料盆和不锈钢盆，使用硬质盆时要格外注意，不要磕伤裱台。

毛巾：
用于擦桌、吸干绫绢表面的水分，或清除桌面糨糊。
碗、碟：

用于盛糨糊和水等。
天地杆：

用于制作立轴的天地杆。
钢锯：

主要用于锯天地杆。

丝带：

用于画作装裱后的捆绑。

宣纸：

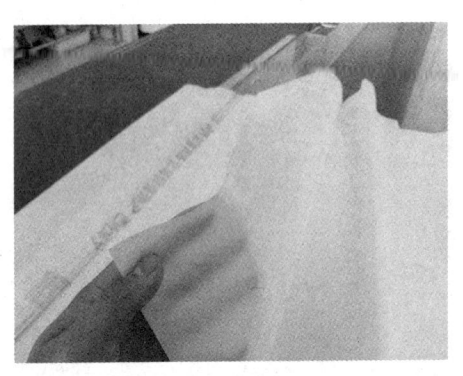

装裱配纸，手工生宣是按照传统方式将纸浆从纸槽中抄出来的宣纸，它柔软、黏结度好，而熟宣是将生宣经过涂刷和浸渍脱胶矾水后制成，纸张趋硬，黏结力降低。因此，在书画装裱中切忌使用熟宣纸作托纸，它容易使裱件产生开壳现象。宣纸的规格有许多种，书画装裱用宣纸常用尺寸为四尺、五尺、六尺。在配托画芯、镶料和覆背纸时，既不能浪费，也不宜过多拼接。当画芯的宽度超过托纸的宽度时，须采取横向拼接的方法，切忌竖向拼接。

## 三、书画装裱基本流程解析

### （一）托画芯

托画芯是书画装裱中最重要、最基础的步骤，是在书画的背面覆衬一层适当的宣纸，使画芯平整干净、厚薄均匀。有的书画作品容易掉色，在装裱时可在画芯下面局部垫一层宣纸，以减少画面受损，维持本色。

托画芯使用的糨糊要根据画芯纸张的厚薄、生熟等调制，要注意画芯薄配厚纸，画芯厚配薄纸。

此外，画芯上配纸时还要注意纹路对齐，画芯方裁过程中尤其要小心字画周边和印章的完整。

1. 托前备糨

取出一部分打成的厚糨留用，用于拍糨。往容器中加入清水搅拌成所需浓度的糨糊，倒入盆内待用。一般来讲，托纸本画芯，每 100 克熟糨加水 360 至 400 毫升左右，托绢本画芯，每 100 克熟糨加水 120 至 150 毫升左右。

托画芯以及其他工序中用糨的浓度厚薄是一个关键问题，科学的数据与裱画师的经验缺一不可。

2. 画芯上糨

将画芯铺平，正面朝下，喷潮。水分不能过多，否则画芯墨色会晕染，影响效果。也可在桌子和画芯中间铺上一层塑料布，以免操作不慎损害画芯。

排笔蘸取稀糨水，先在画芯背面整体润一下，以"米"字形刷开，也可一边上糨一边排平，直至画芯全部上糨排平为止。

对于初学者来说,托画芯时,可以先保留四个角,不要用糨水刷潮。画芯一边上糨一边排平,常出现折皱等现象,需要拎起画芯四角重新排平。而潮湿的宣纸受力不起,在拎起时极易破损。

3. 去除杂质

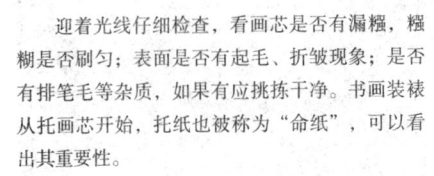

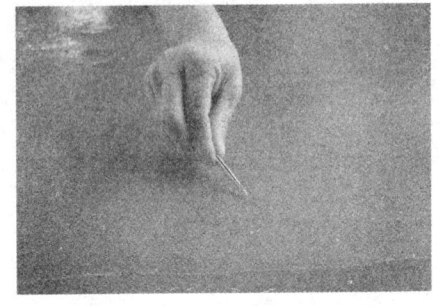

迎着光线仔细检查,看画芯是否有漏糨,糨糊是否刷匀;表面是否有起毛、折皱现象;是否有排笔毛等杂质,如果有应挑拣干净。书画装裱从托画芯开始,托纸也被称为"命纸",可以看出其重要性。

4. 擦去余糨

紧靠画芯边缘,用湿毛巾擦去四周多余的糨水,在这一步操作中应防止擦破画芯边缘。

5. 裁剪托纸

根据画芯大小裁好托纸,用地杆或棍子将托纸卷起。要注意的是,托纸尺寸应比画芯四周多出 1 至 2 厘米来。

6. 对准位置

将包卷好的托纸拉出一段,以画芯右下角两边为依据,对准位置。托纸四周比画芯各长出 1 至 2 厘米,作为上糨贴墙的废边。

7. 快刷托纸

将拉出一段的托纸对准画芯的两条边,用棕刷快速上托纸。需要注意的是,此时画芯纸潮而托纸干,托纸局部碰到画芯后会伸涨,容易出现折皱。因此,拿托纸的手要平稳,不能两边高低不一,且放纸速度与排刷速度要一致,才能不出现折皱。如不慎出现折皱,可将托纸轻轻抬起,重新排刷。

8. 上吸水纸

衬入吸水纸,可吸去画芯纸上过多的水分,防止墨色晕化。如果朝同一方向不断排刷,有些画芯会产生墨色晕化现象,可采取短距离来回排刷的方法。陈年的书画作品这道工序可免。

9. 托纸喷水

朝画芯托纸上的发白处喷些细小水花,让画芯纸与托纸湿润,以便排刷后二者紧密结合。

10. 排刷托纸

明周嘉胄曾指出"止在多刷"，意思就是要多次刷、刷均匀、不漏刷。托宣纸有"轻上重排"的原则。"轻上"就是托纸要上得稳、上得平、不起皱，轻轻刷合即可；"重排"就是用力排刷，让上下两层纸结合紧密。

11. 四边拍糨

把经过打制的稠糨放到塑料隔糊纸上，左手提隔糊纸，右手拿糨刷，沿着画芯四周向外拍糊。拍糨要均匀，不能堆积。同时也不能漏糨，为了防止漏糨，用糨刷在拍过糨的地方来回抹糨。拍糨宽度大约在 1 厘米左右。糨水的浓稠度，每 100 克熟糨糊加水 30 毫升左右。

12. 贴启条口

启条口一般宽 2 厘米左右，长 4 厘米左右，一般就用废宣纸或报纸。上部留取一段，另一部分贴至画芯侧边的中间位置。画芯拍完糨后，就可以在糨口上粘上启口纸。刷实两边后，贴上启口纸，用棕刷固定住左右两个角。画芯干后，以竹启子通过启口启开画芯。启口纸可用报纸代替，尺寸约 1.2 厘米 ×4 厘米，启口过宽容易引起开裂。

13. 画芯起台

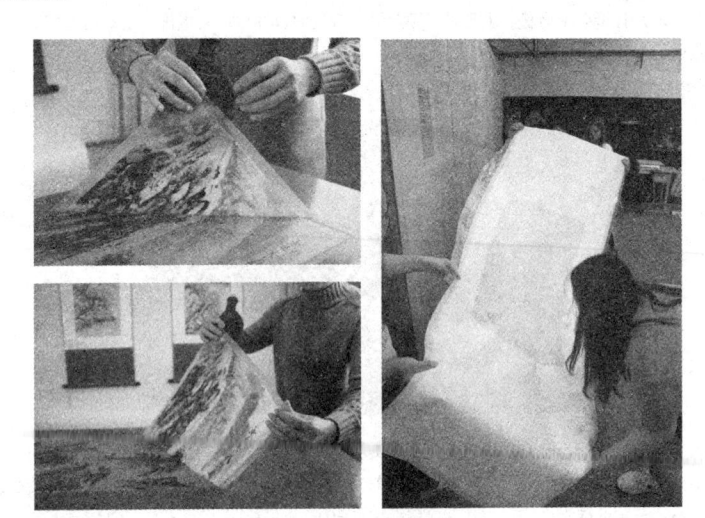

用针锥挑起画芯左边一角，左手拿衬纸衬入，顺势提起另一边；右手执棕刷，以衬纸按住画芯的右上角，让衬纸大面积地与画芯接触。如果画芯较长，可以请人帮忙起台。起台时必须衬入衬纸，防止画芯破损。

14. 画芯上墙

让画芯垂直贴向纸墙，先把画芯上部的两个角固定。如果画芯过长，可用凳子加高或请人帮忙一起抬高，保证离地面有一段距离，不能过近，防止沾染灰尘或损坏。

15. 刷实两边

　　　手轻轻挡在画芯中间，用棕刷左右交替刷实两边。为了防止画芯中间出现凸肚现象，贴墙时，可用一只手手背按在画芯中间，另一只手拿棕刷把画芯一侧固定住，再交换另一侧。值得注意的是，棕刷不要刷到画芯中间去，否则会出现刷毛画芯、画芯粘墙等问题。

16. 蹾实四周

　　　用棕刷在画芯四周蹾一到两遍。蹾时棕刷与墙面呈垂直状，严防边口移动走形。

17. 检查完善

检查画芯与纸墙的贴合程度，保证四周踏实，重点看画幅与墙面状态。也有些人习惯将吸管插入启口条内，轻吹一口气，让画芯四周微微鼓起。

18. 画芯喷水

避开四周，向画中心喷些细小水花，这是为了让画芯四边先干，避免开壳。值得注意的是，画芯上墙后不宜马上喷水，要稍微干些后再喷，可以间隔一个小时少量多次地喷上两三次。

（二）下墙方裁

1. 启画芯

在启画芯工作前，应先洗净手、擦干桌子。画芯、托料或裱件都应在干燥的情况下下墙。手拿竹启子，从启口处插入画芯背面，然后将竹启子倾斜，紧贴画芯稳稳地启开。

顺接启开左右两侧：启开右边，右手执竹启子，从下往上徐徐开启，左手在下方按住被启开的画芯边缘。用手按住画芯是为了防止画芯沾染，所以只需按住边口即可。启开左边，左手拿竹启子，从下往上徐徐开启，右手在下方按住被启开的画芯边缘。上墙时画芯是潮湿的，在干燥过程中会产生向内收缩的力，而四周封口导致力是均衡的。如果画芯大，为防止在下墙过程中出现绷裂现象，要左右交替一段一段地启开。

启开上边：用竹启子启开画芯的右上角，上边。如果画芯短，可直接用双手提着置于桌上。如果画芯长时，可采取从底部往上卷的方法。

2. 画芯打洞

把画芯的长边对折平齐，压上直尺，在边口做记号，打洞。左右预留的空白应等长，以中心垂直线为依据，调整画幅。遇上边角有题字或印章的，更要留出适当边距。在打洞的时候，还需要把画芯背面的糨糊印裁去。

3. 裁齐两边

在裱台上放平画芯,下衬裁板,上压直尺,一手按住,一手握刀裁切。扎出的两个洞作为裁切的标记,前一个洞用针锥扎在裁板上,尺子靠住针锥使其不移动,后一个洞对齐后用手按实。裁切是书画装裱的一个基本功,要保持行刀角度和行刀速度不变,左手按实裁切部位的直尺,刀尖沿着直尺匀速前行。

4. 裁齐天地

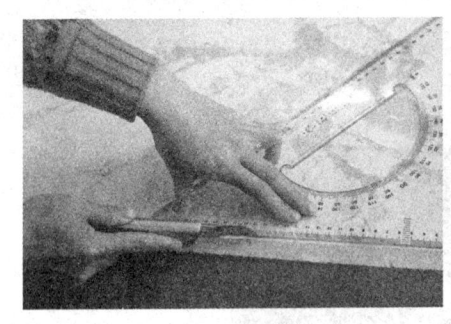

用刀裁齐上下天地。裁切时,从靠近自身那边一段一段向前行刀,一手按住直尺及时向前跟进。

(三)裁、镶局条

局条是连接画芯与镶料的桥梁。镶局条一方面是为了保护画芯,另一方面是为了衬托画芯的笔墨与色彩,起到装饰美化的作用。局条常规宽度为 0.6 厘米,可根据画幅的大小进行适当改变。局条镶缝处为局条的三分之一,镶局条时可一段一段地粘贴,一定要平直,通常有两种方法。

1. 镶硬局条

(1)局条裁割

局条是两层宣纸按托画芯的方法托制而成,常规宽 0.6 厘米,也可根据画幅大小进行调整。在宣纸上摆正直尺,左手压住直尺,右手持刀,注意事项同裁切画芯一样,裁刀角度和速度要保持一致,局条才能平滑整齐。主要步骤参照上面托画芯。

(2)画芯刷糨

用隔糊纸在画芯边抹上 0.2 厘米的稠糨。上糨的速度要快,防止风干。

（3）镶嵌局条

一手按住裁好的局条，一手拉直局条另一头，一段段粘贴。在这个过程中，自始至终都需要拉直另一头。

（4）压实局条

用废旧的宣纸在上好的局条上压实，用指刻压。用力要适宜，上好局条后要起抬画芯防止粘贴。

（5）去掉余条

用直尺压住画芯边缘将多余的局条裁切。裁切时应衬入裁纸板，不能在装裱台面上操作，防止损伤台面。

上面我们所说裁镶局条方法又被称为"上硬局条"，还有一种方法是"上软局条"，我们简要进行文字描述。

2. 镶软局条

软局条是在画芯湿润的情况下操作的，要从托画芯那一步介入

（1）排平画芯

将画芯朝下放置，用排笔蘸清水排平画芯，其方法与湿托画芯一样。

（2）湿润托纸

把托纸覆盖在画芯纸背上，使其充分吸收画芯上的水分。如果托纸不够湿润，还可以通过喷壶加湿，使其充分湿润。

（3）排刷托纸

用棕刷把湿润的托纸排刷在画芯上，值得注意的是，湿润的宣纸拉力差，排刷时要防止托纸破损。

（4）画芯上墙

把刷平的画芯翻转过来正面朝上，四周拍糨，然后上墙。同样托纸要比画芯尺寸略大些，方便四周拍糨。上墙时画芯是反贴的，为了防止画芯正面粘墙，可用塑料吸管通过启口处往吹气。值得注意的是，过犹不及，气不宜过多，确保画芯不粘在墙面上就行，留的气多了则容易出现凸肚问题。

（5）方裁画芯

方裁画芯令四边方正。画芯四边如果之前拍过糨，需要裁去糨口。

（6）启开托纸

用竹启子插入画芯与托纸之间，使之分离。这步操作要极其谨慎，竹启子需小心地插入两层纸之间，以免捅破画芯。

（7）喷潮托纸

把新配的托纸及局条平铺在裱台上喷潮。喷水要均匀，特别是局条，喷得过于潮湿容易断裂。

（8）折叠闷润

把喷潮的托纸及局条对折，进行闷润。这样可减缓水分的蒸发，还可以让托纸上局部多的水分向干燥处转移。

（9）画芯上糨

画芯正面朝下，用排刷在画芯背面均匀地刷上稀糨。如果画幅不大，可以直接上糨排平，不必先润潮再排平。排平后擦去四边边糨。

（10）上软局条

把喷潮的局条用排刷上在画幅四周。一般先上画幅的长边，再上短的两边，四边的镶缝要整齐，宽度一致。用美工刀片依据画芯长度压实局条，然后裁去多余部分。局条口要与画芯保持平直，不能歪斜也不能短于画芯。局条宽度在 0.2 厘米左右，可根据画幅大小调整，最终是为了视觉上比例协调，达到美观效果。

当然，也可以先上一层托纸，再在托纸四周上糨引出软局条，将下面的 11、12 两个步骤与 10 调换一下顺序。看个人习惯和喜好。

（11）润湿托纸

覆盖托纸，使其充分吸收画芯上的水分。托纸边缘如果干燥，可喷水湿润一下。

（12）轻上托纸

把托纸上到画芯背面。用力不能过大，防止四边刚上的局条移位。对于初学者，也可以将喷潮的托纸一人抬一人直接刷到画芯背面。

上纸也是书画装裱里的基本功，需要在反复练习和摸索中掌握技巧。

（13）检查画面

把画芯翻转过来，检查画面是否有折皱、杂质。通常四个角和四条边是容易起皱的位置。如有小折皱，可用手指轻轻抻平。在排刷画芯之前，也要检查画芯是否干燥，在较为干燥的发白处喷上均匀的小水花。

（14）排刷画芯

用棕刷在托纸上用力排刷。值得注意的是，不能刷毛托纸。

接下来要进行贴墙、方裁的步骤，请参照上面"上硬局条"部分。

## （四）托绫绢

绫绢也叫花绫，其薄厚是由不同的织造工艺与材料决定的。厚的绫绢经纬线厚密，丝线粗，经线为单丝织造，纬线为双丝织造，织成的图案丰满厚重，上糨时经纬线不易钩毛变形，绫面不漏底，价格贵。薄的绫绢经纬线稀疏，丝线细，经线为单丝织造，纬线也采用单丝织造，织成的产品轻薄，上手及托制时易钩毛，绫面常漏底，特别是深色绫绢托制白色宣纸时更严重。初学装裱托制绫绢时，不适合选用宽幅的绫绢，宽幅材料不利于练习掌握。

托制绫绢前须把托纸进行方裁，一是裁去红口，二是裁直接口。初学者在操作过程中，常常会因宣纸边口未裁直而出现接缝宽窄不一甚至接缝产生缝隙的现象。

托制绫绢需要用稠糨。如调制成稀糨来托绫绢，托纸吸水就会多，不易排平，容易刷毛、刷破纸面；干后绫绢材料绵软，镶缝、转边处纸与绫绢之间极易开壳，且转边难以平直。

书画装裱属传统工艺,精湛的技术须落实到具体的每一道工艺上,如绫绢上糨工艺,须按程序不折不扣地完成上糨、匀糨、光糨、拖糨等一系列步骤。

1. 量定尺寸

将绫绢平铺于桌面,量出所需长度。值得注意的是,裁剪的尺寸要比需要使用的尺寸富余几厘米。

2. 剪口抽丝

在量出所需尺寸处,在边上剪出一道小口,也就是说剪刀与所剪之口呈斜角,精确来讲约45度。

左手按住绫绢幅面,右手抽取三根丝,使幅面收缩。如果仅抽取1根或2根较少的丝线,则丝线容易抽断。

将裁剪好的绫绢铺平,绫绢每隔10厘米,剪出1厘米以内的斜口,这样做是为了防止绫绢上糨后丝线受到牵力而导致不平。

3. 剪断绫绢

绫绢平铺在桌面，沿着抽丝后的缝隙将绫绢剪开。不能剪出线外，也不可重叠一起剪开。

4. 卷折托纸

宣纸出厂时，边口不一定直，且一般也都有红印，所以使用前，应方裁或把需要拼接的部位裁齐，当然也要把红印口裁去。方法是把三至四张需要方裁的宣纸放到桌子上，斜向 45 度角对折。把卷成卷的宣纸弯曲过来，成自然圆弧，圆弧不宜过小，过小容易损伤宣纸。同时还要注意的是，在前面折卷步骤中，不要把宣纸折出死印来。

然后再打开宣纸，再 90 度角对折并弯卷。经过卷折后宣纸显得平整。

5. 托纸打洞

宣纸对折，边口基本对齐，上压直尺，用针锥打洞，一定确保红印口在洞的外缘，能一同裁去。

6. 方裁托纸

平铺托纸方裁，裁去两头。所裁宣纸层厚，执刀要稳，上下切口要一致。所配托纸的接缝，尽可能与镶料的裁切缝重合。

7. 湿润绫绢

拖制绫绢前，先将绫绢潮湿。

#### 8. 刷平绫绢

接下来是刷平绫绢的步骤。

头部刷水：分清楚绫绢的正反面，把绫绢反面朝下平铺在桌上，用排笔将一头刷上清水，用手抻平，使整个画幅基本平直。抻平时可以用直尺来校直，不宜用力过大，以防止绫绢图案变形。

吸水固定：把绫绢头部抻平，用毛巾吸去水分进行固定。不能硬抻绫绢，此时绫绢图案、纹理特别容易变形。

绷直固定：将绫绢的尾部刷上清水，用手抻平，并用干毛巾吸去多余水分。经过首尾固定，整个幅面就能基本平直。对于初学者来说，可以用直尺来校直。

整幅刷平：用排笔蘸着清水，均匀地从一头刷向另一头，并推出气泡，刷平花纹上的折皱，让两边基本保持平行。也可先固定住靠桌边的一条直边。

整体吸水：用清洁的干毛巾，在绫绢幅面上从头至尾轻轻按压，吸去表面多余水分。

修正幅面：用手指修正幅面，使四条边保持平行的状态。向外抻画面时要小心谨慎，不能用力太大，托好的绫绢下墙后容易产生收缩卷曲的现象。

#### 9. 糨刷上糨

把打好的糨糊用糨刷均匀地刷在绫面上。可以直向、横向、斜向交错排刷。绫绢的四周都要排刷到，防止边口翻卷起来。绫绢上糨用稠糨，经过排刷后更细腻。绫绢的组织比较稀松，糨刷时非常容易钩毛丝线，使图案变形，操作时可使糨刷略倾斜。

在绫绢上上糨，其留存糨的多少，取决于操作时糨刷的松紧、轻重。一般来讲，托绫绢的糨的浓稠基本上每100克熟糨加水20到30毫升。

#### 10. 光糨拖糨

用糨糊理顺排笔，并用排笔按绫绢幅画的纹路从头拖向尾，再压上一笔从尾拖向头，直至完成。糨刷匀糨，在绫面上斜向、直向、横向交错地排刷。

在刷糨、光糨过程中，糨刷上会积聚过多的糨糊，此时可在碗、盆边沿上刮除。此外，排笔上糨来回刷排容易造成笔毛分叉现象。可以用糨刷理顺排笔毛。用糨刷梳理排笔毛，使其重新合拢、排齐。

### 11. 清洁四周

用干净的湿毛巾紧靠绫绢的边缘，擦去四周多余的糨水。但不能擦掉绫绢上的糨水。

### 12. 挑去杂质

检查绢面，看看是否有笔毛、杂质等。如果有，左手按住笔毛、杂质，右手用针锥挑除。用针锥挑毛和杂质时，不要移动绫绢上的经纬线，否则会使图案变形。

### 13. 刷上宣纸

左手拿宣纸，右手执棕刷，从右到左，边刷边放出宣纸。这是一人操作的方法。对于尺寸较大的绫绢，可以两人操作。一人在绫绢的左右双手平抬宣纸，一人在右方执棕刷排刷。

无论是一人操作还是两人操作，都要放平纸面，纸面与绫绢对齐，接缝细且宽窄一致，排刷不起皱。排刷时应把握好力度，力度不宜过大，容易把纸张刷破，但力度小又不易刷实。

14. 四边拍糨

左手拿隔糊纸,右手执糨刷进行拍糨。托纸连同绫绢边缘一起上糨,糨缝宽度约 0.8 厘米。但也要注意糨糊不要粘到绫面上。

15. 贴上启口

在绫绢上贴上宽 2 厘米左右、长 4 厘米左右的启口条。方法与画芯贴启口一样。启口纸通常贴在下边,也可贴在左右两边,便于吸管吹气。

16. 托料起台

用几层折叠的报纸或宣纸作衬垫,双手提起托料,顺势一抖,使其离开桌面。这一步操作时,尽量不用手指提取,由于湿托料分量重,提取部位的角上会出现变形等问题,用衬纸作垫则扩大了受力面,可减少或避免变形问题。

17. 托料贴墙

　　左手把托料靠在墙上，右手执棕刷，顺势固定住托料的右上角。托料贴墙要平挺，关键是顶上的一条线要平直。

　　同托画芯步骤一样，为了防止托料贴墙出现凸肚现象，可用手在托料中间轻轻靠一下。绫绢贴墙时也不要离地面较近，防止沾染灰尘。

18. 排实绫绢

　　手轻轻挡在绫绢中间，用棕刷左右交替刷实并将四周固定、蹾实。将吸管插入启口条，往里微微吹气，静待绫绢干燥。

19. 启开托料

　　竹启子从下部启开托料，然后左边启开一段，右边启开一段，交替往上启开，这样幅面贴墙的均衡力不会被打破，不会产生变形现象。

20. 托料下墙

托料两直边启开后，从下往上卷，到顶部可用左手轻轻拿住成卷的托料，右手启开顶端贴墙的部分。当然，为了方便，也有直接从墙上撕下托料的，这样容易使托料产生折皱。

（五）镶料

镶料工艺最能体现书画装裱的审美意识。镶料是否平直、宽窄是否一致直接反映装裱技术的优劣。

镶料与画芯的色彩搭配，需要具备一定的美学知识，要遵循朴质典雅的审美原则，陈列张挂时给人以美的享受。不可与画芯色彩相冲，或相差甚远，出现喧宾夺主的现象。苏裱常选择清雅的淡色调，一色裱用米黄、淡绿；二色裱用淡黄色做隔水，配以深蓝色的天地。总之，镶料对绘画内容应起到衬托作用，达到相得益彰、和谐统一的艺术效果。

镶料前要量出画芯的长和宽，确定镶料的尺寸，并按顺序进行裁料和镶料（先镶长边再镶短边）。镶料时要快、准、精、细，保证镶料不会产生豁开现象。糨糊要少而均匀，接缝处始终保持2毫米宽度。镶完后应仔细检查每一处镶缝是否有脱糨的现象。

古代书画装裱在镶料的配置上有明确的规定，一般根据画的尺寸，按比例来裁配边和天地镶料的尺寸。而现代书画装裱在镶料尺寸上的规定则相对随意，会根据具体条件来确定。如博物馆举办的画展中，尺寸相近的画芯能统一裱件尺寸的尽量统一，避免在张挂时参差不齐，影响效果。

1. 方正绫绢

将托好的绫绢平直放在裱台上，左手压住直尺，右手用裁纸刀裁去多余的绫绢废边。用方裁画芯的方法令四边方正。如果绫绢四边曾拍过糨，需要裁去糨口。

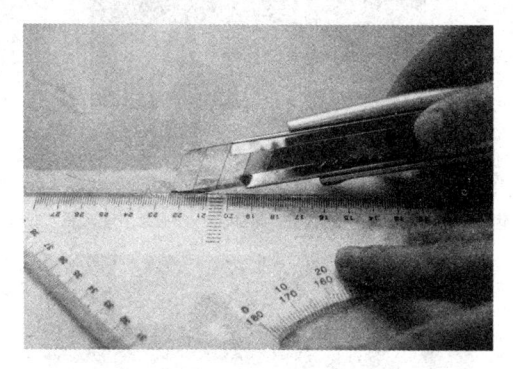

2. 裁剪镶料

镶料尺寸是根据画幅大小来确定，按比例确定配边和天地镶料的尺寸。常规比例是"上六下四"。根据算好的尺寸对绫绢进行裁剪。

3. 画边上糨

画芯正面朝下，平行放置于桌边，并压上直尺。左手拿隔糊纸，平行放置在画芯边0.2到0.25厘米处，右手拿糨拍糨。一段完成后移动隔糊纸，拍下一段。拍糨从右往左移动，靠桌边的一道糨口最后拍。拍糨、镶料速度要快。

4. 镶硬局条

把托过的两层宣纸裁成0.6厘米左右宽的长条，制成硬局条。直尺移至糨口边上，压住画芯使其平服。把局条的 1/3 约 0.2 到 0.25 厘米的宽度镶粘在画芯边口上,用美工刀或剪刀裁去多余的局条。局条缝要镶得宽窄一致,松紧适宜。托局条的糨糊相对浓稠,每 100 克熟糨加水 420 毫升左右。

5. 局条拍糨

翻转并压好画芯,用隔糊纸在局条边拍糨。镶接缝宽度在 0.2 到 0.25 厘米。局条上拍糨时要控制水分。

6. 画芯镶边

镶料对齐画幅,用直尺压住画幅的边缘,将镶料对准画幅边缘 0.25 厘米处,镶料从一边镶到另一边,每段镶粘的距离不宜过长。画芯镶料后不能立即翻动,否则会出现开裂、脱边的现象。

7. 压实镶缝

将加托过的绫绢面朝下放在镶缝上,用手指或手掌按压。按压镶缝,有利于书画的黏结,要用指肚或手掌,但不能用指甲,力度也要相宜。

8. 裁齐镶料

将地脚下端对齐上端，在多余处用针锥打洞。用直尺对齐画芯局条外边缘压住，紧贴画幅边缘，左手按住直尺，右手握裁纸刀，裁去两边镶料多余部分。与画芯相比，镶料宁长勿短，镶料不能裁歪裁斜。

画幅镶完镶料后，要即刻打通天眼、转边，以防止画幅收缩后变形。转边又称"折边"，为加固裱件边口用，宽度是 0.2 厘米左右。

以上步骤是字画装裱中必不可少的基本操作，而到了后面，根据画芯的大小、尺度等可以选定不同的类型，操作上也是有差别的，下面步骤是最常见的立轴装裱的其他操作。

9. 打通天眼

将画幅卷起破齐，上压尺板。两边各打两个通天眼，靠外边一个通天眼为裁齐直边用，靠里边一个通天眼定转边宽度。一边打好通天眼，针锥仍然留在洞内固定不动，用另一个针锥打另一边的通天眼。不拔出针锥是为了防止另一边打通天眼时画幅移动。要注意的是，在打通天眼前，如发现画幅不齐，可对折使画芯居中，镶料边口打洞并裁齐两边。

10. 裁去余边

打通天眼后，将画芯正面朝下平铺，以外侧洞为标记，裁去余边。

11. 针锥画印

直尺压画幅沿通天眼画印，针锥从后向前画一段，针锥不动，尺往前移，对准下一个通天眼再画印。针锥画印应倾斜，力度轻重要适宜，太轻了留不下痕迹，太重了容易划破宣纸和绫绢。针锥洞有一定的宽度，针锥画过洞口的位置，前后要相等，这样才能确保所划线平直。

12. 转边刻印

依画印把边折回，并用大拇指在折回的边上刻一遍。在转边前，还是要再一次确认转边是直的再刻。

13. 转边拍糨

把隔糊纸的边压在画印上，再均匀地把整条边拍上糨。这时糨的浓度要恰当。过于稀薄，绫绢、托纸会开壳，边难以转直；糨上得稠，画幅干后易抽缩，不平服，每 100 克熟糨加水 30 到 40 毫升。

14. 棕刷转边

用尺压住画幅靠近边口的地方，打潮棕刷，甩去水分，先用手把头部粘住，再用棕刷把边压倒刷实。也可上一段糨转一段边，上糨与转边交替进行。

15. 棕刷蹾边

用棕刷在转边处轻轻蹾一下。棕刷湿润度是关键，水分不能多，蹾时力道要轻，不使转边走形。转边后如发现有不直之处，可以还潮，用手指推齐进行修正。

16. 串口打洞

串口也叫夹口，分上下，粘贴上串口纸后用来包裹天地杆。把立轴两边重叠，用直尺压住，在天头 2.5 厘米、地头 6 厘米处打洞做记号。

17. 平直画印

用直尺对准所打之洞，用竹启子画印。相对来讲，竹启子比起针锥来说，画印时不容易伤及绫绢和托纸。

18. 折回拍糨

按所画之印将串口折回。画幅朝下，折回串口，用直尺压住画幅背面，拿隔糊纸在串口边缘拍糨。然后移开画幅，擦净桌上余糨。

113

19. 粘串口纸

把直尺移到画幅边缘压平，把串口纸粘贴上，上下串口纸使用单宣，分别裁成宽 8 厘米、长 18 厘米左右用来覆盖天地杆。上下串口，粘缝宽度不宜过窄，要为装杆时剥串口留有余地。把三角尺放置在转边内侧，并与转边平行，按实三角尺，撕去余纸。要注意的是，翻包首的，上串口纸左右应缩进转边缝内；如果不翻包首，那么上下串口纸可比画幅略宽。

除了镶裱外，还有一种挖裱的装裱方法，是把镶料中间按照画幅大小开挖好后再镶粘。

## 四、常见书画装裱类型及步骤

### （一）立轴装裱

1. 覆背

（1）托覆背纸

覆背纸与画芯托纸一样，覆背纸上下两层宣纸要错缝，错缝应该相距 3 厘米以上。接缝也应该按照画的大小来确定，小画缝细小，大画应适当放宽，防止覆背纸在上糨后的撤水过程中接缝处撕裂。

覆背的用糨的薄厚直接关系到画幅的平整度。在托两层覆背纸时，用糨可略薄；而与画芯镶料黏合的这一层糨糊，因存在镶缝凹凸、转边处为绫绢边等因素，黏合力差些，用糨可略稠。

大尺幅的画芯往往覆背纸都需要拼接，在下面步骤中按照复杂的拼接的步骤来，那些尺幅偏小，一张宣纸就可以覆背的就可以跳过拼接步骤直接进行。

（2）配覆背纸

将宣纸挑刮、交替对折后，用方裁的方法裁去两头红印口。宽度比画幅宽度要多出 6 厘米左右，也就是两边各宽出画幅 3 厘米左右。长度按画幅长度加上部分上下串口纸长度计算。

（3）搅拌糨糊

调好的糨水使用一定时间后，由于水分蒸发等原因会变稠，要加入适量清水，调至每 100 克熟糨中加入 460 到 500 毫升的浓度。而且糨水放置一段时间后就会产生沉淀现象，需要搅拌使其均匀。

（4）润潮宣纸

用排笔蘸少量糨水，在宣纸上快速均匀地上糨。如果不小心蘸多了，可以把排笔在裱台上拍几下，除去多余的糨水。宣纸吸收少量糨水后会产生一定的润涨效果。

（5）宣纸上糨

用排笔蘸糨水，按照一定的顺序如"米"字形，把宣纸排刷平整。要控制好水分和力度，轻顺自然。在上糨过程中不能让宣纸产生折皱和断裂。

（6）宣纸拼接

在刷平的宣纸尾部拼接上干宣纸，在接缝内侧相应部位上糨，固定住宣纸。也可上下宣纸压住成一线，从头部直接刷平。两张宣纸的接缝处应宽窄一致。接缝宽窄依据画幅的大小和制作精细程度而定，常规在 0.2 厘米以内。如果裱件宽度超过 65 厘米，三尺宣纸废边会很窄，可选用五尺宣纸；也可将四尺宣纸横过来使用，即以宣纸长度配裱件宽度。

（7）对齐口边

用天地杆卷起一部分宣纸，左手拿纸，右手拿棕刷，以右下角为基准，对齐后进行排刷。排刷前要剔去笔毛杂质。

（8）排刷托纸

左手平稳放纸，右手一点一点地推进，直至把整张纸刷完为止。这个过程要快，同时还要确保没有折皱。

（9）接缝上糨

到接缝处，用排笔蘸上糨水，小心翼翼地上到接缝处。糨水要与上托纸时浓度等同，使用薄糨而不是厚糨。用糨要少，糨口要窄，但不能漏糨。

（10）宣纸拼接

接缝宽窄一致对齐后，就用棕刷快速排刷。排出上下两层宣纸中的气泡，排刷紧密。同时要检查两层宣纸中间是否留有笔毛等杂质，有的话要去除。

2. 湿覆背

（1）画幅准备

在上覆背纸前，要检查画幅的镶缝处是否存在开壳问题，如果有，可以用小笔填糨，使其重新黏合。把镶好的画幅放在托好的覆背纸上进行比对，检查覆背纸的尺寸是否有误差等。用排笔蘸少许的稀糨水，把画幅的两条转边润一下，天地串口粘糨处也可以适当润一下。接下来，用喷壶在画背上喷细小水花，视画芯与镶料的伸涨程度喷水。

（2）覆上天头

把折回部分的天头用棕刷刷到覆背纸上。在上一步中，画幅已经喷水受潮，横向排刷时，用力不能太大，以免画幅宽窄不一。排刷时速度要快。把画幅用地杆或者直接卷起，搁置在已刷好的天头部分。把未上糨的覆背纸上糨。

（3）湿覆画芯

左右徐徐放出画幅，右手同步刷上，直至刷完为止。到接缝处要格外留意，不要起皱。到了画芯处时，速度应当加快，争取一气呵成。

（4）串口喷水

在串口的绫面部分喷些水。串口绫面部分相对其他部位干燥，可以喷水润一下。

（5）去除余纸

用右手执棕刷压住需要保留的部分，左手去除余纸。地头串口纸的长度应该不少于包地杆一周的长度加上贴墙废边的长度。

（6）翻转画幅

把画幅的一头折一段进去，再翻转一部分回来。两端边缘对齐，特别要注意镶缝处，避免弯折。双手提起画幅中转，将折回部分进行拉伸。

（7）排刷画幅

用棕刷把覆背纸从头到尾排刷一遍。排刷时各部位的轻重应保持一致，不能产生折皱。

（8）跺实镶缝

用棕刷把画幅的镶缝和转边跺实。用力不宜重，以免覆背纸起毛、起皱、变形。

（9）起台重排

把经过排刷、跺实的画幅提起松动一下，然后再进行第二次排刷，甚至可以多次排刷，最终目的是使画幅与覆背结合得更为紧密。

（10）粘贴搭杆

搭杆也叫"角襻"，有制成尖三角和云头状的多种，常见做法，是把镶料裁成长20厘米的长条，用刀裁出一头宽0.6厘米，一头宽2毫米的镶料，头上裁成斜角，尺寸也可视画幅大小增减。把搭杆贴至画幅背面下串口的左右转边内侧。

（11）贴签条纸

签条也叫"签贴"，多为宣纸染色后制成，尺寸一般是宽度为画幅宽度的3%，长度为画幅宽度的1/3。在签条上稠糨（每100克熟糨中加水50毫升）。贴在画幅背面上串口的右侧，一头贴在画幅转边的里面，侧面压住上串口纸一点。签条贴上后应进行趟刷。

当然也有画幅在装杆后再贴签条的，位置能贴得精确，但须上下衬垫多层干宣纸，上压重物候干。

（12）串口上糨

翻起下串口纸，等距离在绫串口底部上一点稠糨。把下串口纸翻回，用棕刷刷平。糨不宜多，两个边口一定要粘实。

（13）四边拍糨

画幅四边留作卜糨贴墙用的宣纸边称为"废边"。用隔糊纸在画幅废边0.8厘米处拍糨。废边上的两层覆背纸如上下错开，须一起上糨，以防画幅贴墙时开裂。糨要上得均匀，不能漏糨。

（14）贴启口纸

用废纸或报纸撕成4厘米×1.2厘米左右的启口条，贴在画幅的中间或下面的糨口处。

（15）画幅上墙

将墙面铲干净。一手拿起衬纸，两手提住画幅天头起台，移至墙面。用棕刷先贴住天头，然后用一手轻挡画幅，一手用棕刷封住边口，交替进行，最后封住底口。刷实完毕后，用棕刷趟实四边。如果画幅较长，可两个人抬着移至大墙边，谨防产生折皱。画幅上墙要垂直抻平，应松紧一致，以平整为佳，不宜横贴。

（16）画幅吹气

用塑料管插入启口向画幅背后轻缓吹气，轻拍画幅，防止画幅中间粘贴墙面。画幅背后有空气的阻隔，可防止与墙面粘贴。值得注意的是，不可一次性吹气太多，以免控制不住，使画幅太鼓，而使画幅变形。

3. 砑画与剔边

（1）启画下墙

用竹启子插入启口，紧贴墙面与画边呈一定斜角，慢慢向前启开。启开画的底边及两边后，暂时保存上边贴墙部分，把启开的画从底边往上卷，最后启开上边。如果画幅较大，为防止在下墙过程中出现绷裂现象，应当左右交替一段一段启开。如果在画上墙时忘了贴启口，可以用美工刀或马蹄刀在废边上割一个口子，注意不要在糨边上或紧挨画边处切割。

（2）挑刮杂质

用裁刀挑刮画背面的小沙粒和多余的纸筋。要轻挑轻刮，防止画幅因挑刮而出现不必要的破损。如果想精益求精，可以预先用砑石在画背上来回轻砑一遍，压碎小沙粒。

（3）均匀打蜡

在画的背面均匀打上一层蜡，绢包首上不能上蜡。在签条上放置一张比其大的宣纸再进行砑压。

（4）垫纸砑画

取一张比包首尺寸略大的宣纸，在画背上横向用力均匀地砑画，痕迹一道接着一道不可产生空隙。两遍砑完后，掉转方向再砑两遍。两边相向砑画，可使画受力均匀。在画幅镶缝和转边处应多次砑压，力求使凸起的转边和镶缝处经砑压后变薄。

画下衬张纸，可以防止裱台上的红漆沾上画芯。

（5）割去废肩

一手提住废肩，一手用刀慢慢割去。刀要紧贴画幅边缘并与画幅呈一定的斜角。发现有起毛的现象可用剪刀修剪。

（6）折压废边

画幅正面朝下，左手捏住废边向后翻，并控制好力度。用手指来回移动并压制。用大拇指指甲在折印上刻一下。左右手同时翻剥废边，露出转边 0.1 厘米，转边缝要求宽窄一致。

（7）剔除废边

左手按实已折好的废边，右手握裁刀，刀与画幅呈一定的角度，徐徐向前，剔除废边。用美工刀剔边，要注意防止伤到画幅边缘，稳妥起见可选用马蹄刀。

（8）剪去两角

在下串口纸两边剪出 45 度角。这样做是为了包裹地杆时更为服帖整齐。

4. 制天地杆

（1）截取宽度

利用与画幅宽度一样的废边，或用宣纸条裁成与画幅等宽的小纸条。此方法为传统方法，用来配置天杆。也可以把天杆直接放到画幅串口上扎眼做记号。

（2）剪出缺口

把纸条对折再对折，在角上剪一缺口做记号。每次对折要相应缩进一部分尺寸。

（3）画印做记

把纸条打开并放在天杆上，用铅笔做记号。剪出的四个缺口即为天杆四个铜鼻的位置。确定铜鼻位置，也可用尺直接量出尺寸做记号。

（4）锯齐天杆

把天杆放到凳子上，一手固定住天杆，一手握钢锯，依铅笔印锯去多余部分。锉平两头。使用钢锯锯缝窄，误差相对较小。需要注意的是，锯时应保留铅笔印。

（5）电钻打孔

一手固定住天杆，一手拿电钻在铅笔印记上垂直打孔。孔的位置应居中略靠前，四孔呈一直线。

（6）安装铜鼻

用尖嘴钳把铜鼻插入天杆孔，把铜鼻旋转至与天杆呈十字状位置，把多余的铜脚一边压倒，再把头弯成90度角。然后用榔头把铜脚连同弯角一起敲入天杆内固定。以表面平整，没有凹凸为佳。

（7）地杆画线

量出画幅地头的宽度，在地杆上用铅笔画线做记号。也可以拿地杆直接在画幅地头量出尺寸，地杆的榫头长度留出2厘米多即可。锉去地杆上凸出的棱角。

（8）机器制榫

现在一般很少手工制榫，多为机器制榫。截断多余的地杆，在机器上调试好地杆榫头的直径尺寸。把地杆放置在机器的转轮上，慢慢推到刨刀上，边转动地杆边削制。机器制榫非常规整，而且效率高，唯一要注意的是，要安全使用机器。

（9）核实校正

把天杆放置在画幅天头进行校对，检查尺寸是否准确，天杆两头与画幅两边重叠为最佳；把地杆放置在画幅地脚上进行校对，地杆两头的校对应除去榫头处的尺寸，两头与画幅两边重叠为宜。

5. 制封头

（1）剪取封头

包裹天地杆两头的绫绢材料称为"封头"，一般与天地镶料材料一致，是两块5厘米见方包地杆的绫绢封头。

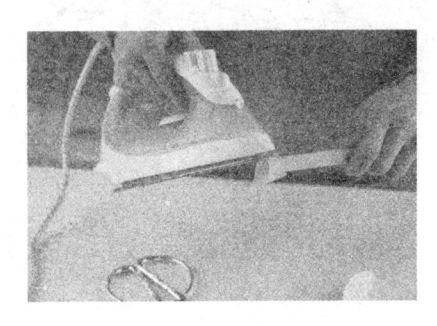

（2）剪出榫头

将剪取的地杆封头对折两次，剪去尖顶部分，尽量把边缘剪圆。平铺后榫孔的直径为 1.2 厘米左右。

（3）封头上糨

包天杆的绫绢封头尺寸约 1.8 厘米 ×2.5 厘米，把包天杆的绫绢封头宣纸面朝上，均匀地涂上厚糨。一般为熟糨，每 100 克熟糨加水 20 毫升。

（4）粘贴封头

把绫绢封头贴于天杆头上的居中位置，四周压倒，紧贴于杆上。再在地杆上涂些厚糨，这样可以增加黏度，把绫绢封头通过中间的榫孔贴于地杆上。

（5）削平封头

等包贴的绫绢封头完全晾干后，用美工刀削平突出的部分。只能削平突出部分，不能削去木头。书画装轴后，两头紧中间松的状况将大有改善。

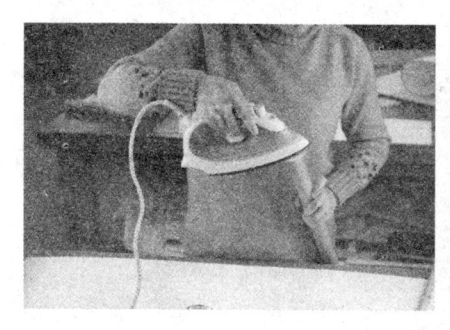

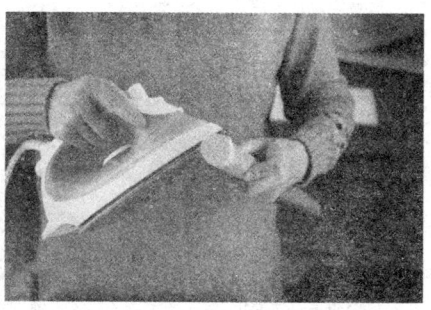

6. 安装轴头

（1）轴头上胶

用筷子或笔蘸取少量白胶，放入轴头的榫眼内。白胶可增加地杆榫头与轴头的黏结力。

（2）安装轴头

把轴头套于地杆的榫头上。地杆榫头套上轴头如有松动，可在榫头上缠绕几圈绫绢小条。

（3）敲紧轴头

用橡皮榔头把轴头敲实。轴头套在榫头上太紧时使用，但也不能硬敲，谨防开裂。

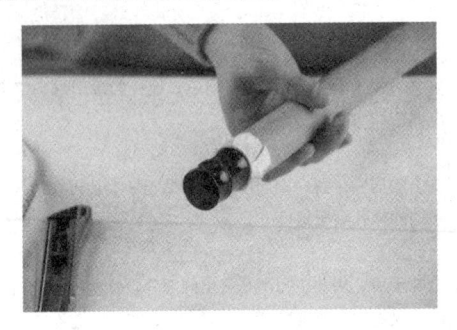

7. 装天地杆

（1）核对尺寸

把天杆放到画幅天头上进行核对，检查尺寸是否精确。因为画幅下墙搁置一段时间后，尺寸会略有收缩。

（2）启开串口

用竹启子在未上糨的上串口处放入，轻轻向另一边启开上串口。将放入的竹启子一直启至边口，再同样启开另一边。

（3）批正串口

把画幅正面朝下，用直尺压住，把串口缝批成一直线，并用三角尺来批正。三角尺可左右两边批正，直至边呈直角为止。

（4）摆正天杆

画幅正面朝下，天杆铜鼻朝上平行压在翻起的串口上，串口缝露出一丝。天杆左右对齐画幅两边。如果天杆比画幅略长或短，可采取左右平分的方法。

（5）包裹天杆

压实天杆，把串口反过来包裹天杆，在铜鼻处用手指夹住往下按，使之凸显。上糨固定前，先把天杆包裹一遍，使串口纸上凸显天杆的轮廓印。

(6) 切割绫绢

用刀切割铜鼻上方的绫绢，露出铜鼻。值得注意的是，只需切开绫绢的一个小口，露出一点即可。把包裹天杆后多余的串口纸裁去。

(7) 串口上糨

画幅正面朝上，在串口顶部上一道厚糨，糨口约 1 厘米。画幅翻过来正面朝下，天杆按串口上的轮廓印包裹。

(8) 转边画印

画幅正面朝下，把包好的天杆压住下方的绫绢串口，用针锥沿天杆边缘画印。画印前要包紧天杆。

（9）裁齐转边

用直尺压住画印外转边的多余部分，裁去余边。转边宽度在 0.3 厘米以内。当然也有采取直接裁齐不转边的。

（10）剪出斜角

把要转边部分的两个边头剪成 45 度角。有利于边口贴得平服。

（11）粘贴转边

把转边部分涂上厚糨并贴上。窄的转边须粘贴直。

（12）串口上糨

在串口缝两边口涂些厚糨，这样可以增加画幅与天杆黏结的厚度。

（13）串口上糨

在绫绢的纸上涂上厚糨。绫绢串口的角上容易开壳，须多涂些厚糨。也可在绫绢串口的转边处涂上一道 0.4 厘米左右的厚糨。

（14）包紧天杆

把天杆正面压到绫绢口上，背面用尺压紧。直尺压紧画幅时，两手用力要均匀。

装地杆前几个步骤，也需要前面启开串口、批正串口、串口上糨，具体操作就不再赘述。

（15）摆正地杆

画幅正面朝下，把纸串口上糨处翻起，用直尺隔开。地杆平行压在纸串口上，左右边对齐画幅两边。注意，地杆左右两头有粗细，可剪一三角形纸片，纸片的一个边与细头的边口齐平包裹，以使两头粗细一致。

（16）包裹地杆

把与串口平行的地杆慢慢向后移动，到纸串口的边口，顺势翻起串口包裹到地杆上。地杆在转动中要保持与串口的平行状态，不能歪斜。地杆如凸出于画幅边缘，可用小榔头等工具轻轻敲打。

（17）裁齐绫绢

与串口平行，将直尺压在地脚绫绢串边上，裁齐绫串。地脚绫串宽度在6厘米左右。

（18）包紧地杆

一手按住绫串口，一手把地杆卷实并捏紧。如果发现地杆包得不端正，需要返工重来。

（19）粘绫串口

用湿毛巾对绫串纸面上进行局部润潮，在绫串纸面上涂抹厚糨，宽度在0.5厘米左右。把画幅反过来正面朝上，将上了糨的绫串口边紧贴地杆。串口一定要包紧，而且不要起皱。

8. 穿绳系带

（1）铜鼻穿绳

穿绳又叫"拴绦子"，把画绳依次穿过四个铜鼻，绳头绕过来从绳下穿过，用镊子把画绳绕回来再从铜鼻孔里穿回，画绳要呈圆弧状。

(2)处理铜鼻

抽紧画绳,用尖嘴钳钳住铜鼻,用力向外扳弯,但不能扳断。用榔头在弯倒的铜鼻上敲几下。注意榔头不能敲到天杆上。

(3)剪去余绳

剪去多余的绳头。按画幅宽窄来留取绳头的长短,通常在4到5厘米。

(4)画绳封籤

选取和包首颜色相同的绫绢,裁成3.5厘米×0.6厘米的小绢条,并在小绢条的宣纸面上涂上厚糨,绢头先封住拉紧的一根画绳。将绳头与拉紧的画绳合并,用针锥把封籤在画绳上籤两圈,把风籤的绢头压在画绳下掩藏起来。按照同样的方法封籤第三个(第三个籤的位置应在两铜鼻中间的三分之一处），最后再封中间的箍，直接把两根画绳一起封住。注意封箍需要均匀三等分。

（5）敲倒铜鼻

用榔头轻轻敲弯铜鼻倒向一边或敲进一部分到天杆中去，注意不要敲到天杆上。

（6）画绳系带

将丝带从上往下穿过画绳，把扎带绕到另一边穿过画绳，然后把丝带折回穿回圈内，将两根丝带一起抽紧即可。

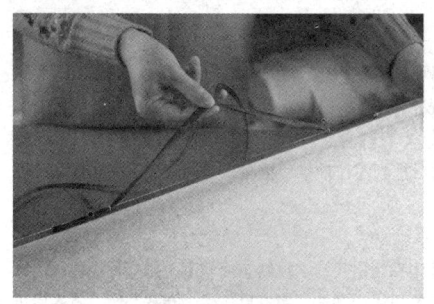

## （二）镜片装裱

镜片也称镜芯，是托裱后的画芯，适用于夹放在镜框中，是一种简便、常见的装裱形式。其流程比立轴装裱要简单，完成画芯装裱、镶料步骤后，在表面镶上玻璃框架用以悬挂，是目前最贴近现代生活需要而广受欢迎的装裱形式。

镜片的镶料尺寸不固定，一般根据摆放位置的具体空间、镜框的大小来确定。上下比例可对称也可上六下四分。小尺寸的镜片做得要更加精细，多进行转边与包边。

### 1. 画芯镶料

**（1）镶前准备**

根据画幅的大小裁料，将托裱好绷平整的画芯四边裁齐，画芯的四个角均为直角。注意刀口要整齐，没有毛刺（俗称胡子、鼠尾）以及弯曲不直的现象。

**（2）画芯拍糨**

画芯正面朝上，四周拍上 0.2 厘米宽的稠糨。然后把画芯往前推，擦净桌上的糨糊。书法作品可以不镶局条。

**（3）画芯镶边**

根据画芯的内容、色彩与面积确定镶件的颜色搭配和规格尺寸。镶料正面朝下，用直尺压住画芯，一小段一小段地往前镶，镶缝宽窄要一致。然后以画芯边缘为基准，用直尺压住，裁齐余边。裁齐后再镶上天地。

### 2. 覆背

**（1）配好糨水**

配制所需糨水，用 100 克稠糨加水 460 到 500 毫升左右。用手转动排笔，搅拌糨水至均匀无颗粒。值得注意的是，用前要上箩，先放稠糨再倒水，防止出现颗粒。

**（2）配覆背纸**

按所需覆背纸的尺寸裁割宣纸，建议用竹启子。如果是小幅镜片也可以直接在覆背纸上量出尺寸。

**（3）托覆背纸**

排笔蘸少量糨水从中间向外排。按照"米"字行将宣纸排刷平整，要注意控制好水分和力度。上糨过程中不能让宣纸产生折皱和断裂，并排出气泡。擦去四周的糨水，挑去宣纸上的毛和杂质。

第一层宣纸用稀糨排平整后，第二层托纸可用天杆卷着边放边排刷。同样需要擦除糨水、挑去笔毛和杂质。

如果是大幅镜片可按照尺寸托一张拼接完整的覆背纸。当然也可以先托成小张，上下须错缝，覆背时拼接。

**（4）画芯喷水**

将镶好料的画芯正面朝下，均匀地喷些细小水花湿润。把上糨撤过水的覆背纸糨面朝下，覆盖在芯背面。也可以采取湿托的方法，在刷平的覆背纸上上糨，画芯正面朝上，直接排刷在覆背纸上。

**（5）画芯排刷**

用棕刷从头到尾通排一遍，把画幅的镶缝蹾实。需要注意的是，排刷时不能出现折皱变形，用力不能重，覆背纸上也不能起毛。

**（6）镜片上墙**

用隔糊纸在画芯四周 0.8 厘米处均匀拍糨，在两角下方用废宣纸或报纸做衬纸，右手将棕刷放于衬垫下，将画芯轻轻抬起，抻平提住画幅天头，移至墙面，用棕刷先贴天头，然后封住边口，用吸管插入启口条处吹气，直到纸微微鼓起与墙面分离。大幅镜片伸缩幅度大，贴墙后极易产生镶缝开壳、四周绷边等问题。可以采取先用杆子挑起晾干，再喷水适当还潮，上墙抻平的方法。

3. 砑画与方裁

（1）均匀上蜡

将晾干的画幅上墙，用蜡在画背上均匀地涂抹一遍，剔除背部杂质。

（2）画背砑画

用砑石用力在画背上砑画，砑完两遍后掉头再砑两遍，直至背纸光滑。

（3）画幅方裁

将画幅两边重叠，用直尺压实，打洞作记号。然后用直尺对准打洞口，左手按实直尺，右手握裁纸刀裁切。裁切的过程中速度和角度应保持一致。

除了立轴和镜片外，还有册页、对联、横批等装裱类型，主体流程大同小异，在此不一一赘述，在实际教学操作中再类举。

## 五、书画修复常见操作

除了上面所介绍的书画装裱流程，我们还会遇到书画修复，先修复再装裱。这部分中，以图展示为主，介绍常见的画芯修复方法及配色染纸操作。

（一）配色染纸

在书画修复中，需要根据画芯来选择补纸，补纸选择要在成分、厚薄、颜色上与画芯接近。在满足了前两个条件的基础上，常遇到的一个问题就是颜色上匹配度低，这就需要染纸配色。

染纸原料可以用栗子壳或者橡碗子，也可以用红茶。

染纸用栗子壳

将栗子壳放入水中煮,随着温度上升,水会变色。根据画芯颜色选择时间长短,然后将上色的水经过过滤存放到染纸槽中备用。

将补纸进行折叠裁剪成大小合适的尺寸。

补纸慢慢浸入染纸槽中,时间长短根据补纸所需上色深浅而定。

为了上色更均匀，除了浸染外还可以用拉染的方式。

从染纸槽中取出，置于木杆上。

放置在阴凉通风处晾干。

### （二）画芯修复

画芯四周缺损，需要先按照画芯尺寸用补纸补齐边缘。

画芯中间也会有残缺，同样需要选取补纸将残缺补齐。

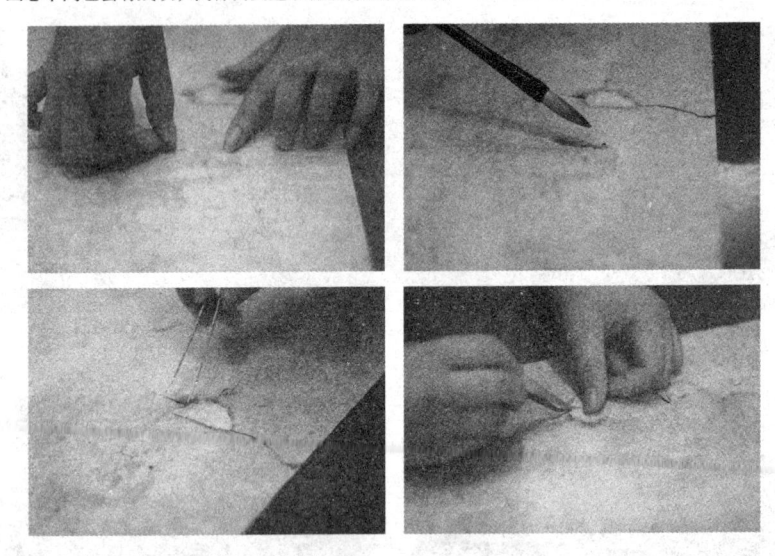

缺口较小时，建议借助毛笔、镊子等工具，严格控制湿度，防止对画芯造成二次伤害。

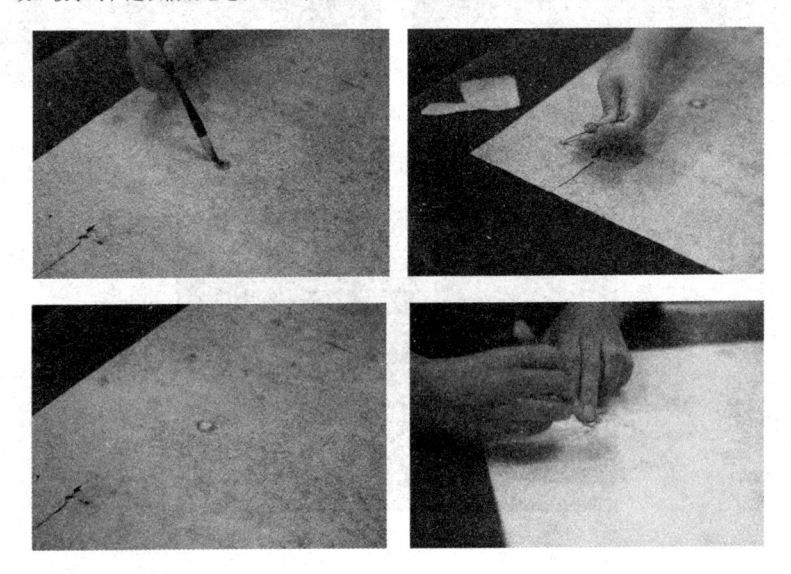

当然，也有些画芯损伤比较严重，如下图完全断裂和支离破碎，这时候更是考验修复者细心与耐心的时候，同时必须遵循最少干预和可逆原则。

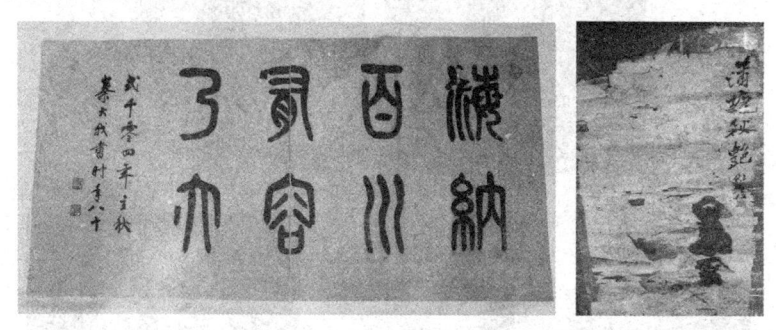

裱画案铺上薄膜，将受损画芯一点点喷潮、清洗、展平。

然后一点点揭下薄膜。

# 第六章　陶瓷常识

本章内容包括陶瓷简史、陶瓷修复相关知识，在陶瓷简史中，通过对从新石器时代到近现代陶瓷发展脉络的介绍，梳理我国陶瓷的发展历史，详细讲解各时期代表性窑址；在第二部分，陶瓷修复中，讲解陶瓷器的修复步骤等相关知识。

## 一、陶瓷简史

### （一）新石器时代陶器

新石器时代界定的依据，遵循我国考古学界较普遍认同的内涵。考古学中新石器时代陶器遗存主要分布在黄河流域与长江流域的遗址中，以及在西南、东北、西北等大面积地区，随着近年来考古学，尤其是田野考古学的发展，越来越多的新石器时代遗迹遗存被发现，不断丰富着陶器遗存（图1-1），对我们了解陶瓷器最初的出现有很大帮助。

接下来，我们按照新石器分期，即早、中、晚三期分别介绍陶器的发现情况。

1. 新石器时代早期陶器

图1-1　磁山文化深腹双耳罐

1975年、1977年在河北武安县磁山和河南新郑县裴李岗发现了新石器时代遗存，后期又在河北、河南、山西、甘肃和山东等省均有发现，根据碳-14测定，大概年代在公元前6000年~前5000年，在磁山-裴李岗文化中发现的陶器有一些共同点（图1-2），主要包括：陶泥未经细致淘洗，胎质粗糙，均为手制，胎壁厚薄不均，烧制温度较低，在700~900摄氏度间，陶土

图1-2　磁山文化三足钵

以红色或橙红色居多，表面无纹饰或有绳纹、划纹、篦纹、编织纹，个别地区有少量彩陶；主要陶器的器型为深腹罐，圜底碗，少量鼎、豆、等器物，器型较单一，体现出早期陶器的特点。

2. 新石器时代中、晚期的陶器

新石器时代中晚期，在陕西、甘肃、河北、河南、山东以及浙江地区发现了大量遗迹遗存，出土的陶器极为丰富，在这一时期，轮制作为一种新的制陶工艺开始出现，陶器的器型更为多样化，纹饰也从简单的几何纹饰扩展到各种具象纹饰，几何纹饰也有所发展，彩陶开始出现，并在马家窑文化中展现惊人的魅力，这一时期的陶器的器型、纹饰、烧制工艺等都对后来出现的瓷器产生很大的影响。

仰韶文化经过碳-14测定年代约为公元前4000~前2000年，属于新石器时代晚期文化，出土陶

133

和新石器时代早期的文化中出土的陶器一脉相承,但是在陶器种类和数量方面明显增多,制作工艺也有显著进步。主要表现在陶质较为纯净,陶泥经过淘洗,这点区别于新石器时代早期发现的陶器,制作工艺在手制的基础上出现了轮制,烧制温度较高,陶土颜色主要是红色、棕红色和少量灰陶和白陶,在陶器纹饰上,早期以素面和简单的几何纹饰为主,多是划纹、附加堆纹、绳纹等,在仰韶文化后期的庙底沟类型中出土大量纹饰精美的彩陶,是新石器时期彩陶制作的较高水平,我们以几个比较具有代表性的新石器时代中晚期的文化来看这一时期陶器的发展变化。

（1）仰韶文化

仰韶文化分为半坡类型、庙底沟类型、西王村类型和后岗与大司空类型,其中半坡类型因首先发现于西安半坡遗址而得名,代表性器物主要是圜底大口陶钵、陶罐、陶瓮、细长颈陶壶、深腹尖底瓶等,纹饰主要是绳纹、线纹、弦纹,彩陶中多为红底黑彩的带状纹、三角纹、波折纹、人面纹、鱼纹、蛙纹等。

庙底沟类型因最早发现自陕西庙底沟而得名。代表性陶器有平底碗、平底盆、小口尖底瓶、圜底罐、圜底钵、罐形鼎等。纹饰和半坡类型相比区别主要在彩陶,庙底沟出土彩陶主要是红底黑彩陶和涂有白衣的彩陶为主,彩陶纹除了半坡类型出现的纹饰外,还出现少量鸟纹。

西王村类型最先发现丁山西芮城西王村,比较具有代表性的陶器有大口盆、平底碗、小口长颈尖底瓶等,纹饰多为简单几何纹饰,与半坡类型相差不大,彩陶多用红彩和白彩。

后岗与大司空类型首先发现于河南安阳大司空村,在器型和纹饰方面与半坡类型区别不大,在彩陶方面主要以红陶衣彩陶为主,绘制的纹饰开始出现更为抽象的几何纹饰,包括弧线三角纹、带状纹、螺旋纹、S形纹、X形纹等。

仰韶文化分布较为广泛,其他类型在陶器的器型、纹饰以及彩陶样式上差别不是很大,但是总体呈现出从手制陶器逐渐向轮制陶器过渡,彩陶多以白底、红底、白彩、红彩、黑彩为主,纹饰样式也由简单几何纹饰向具象动物纹再到抽象几何纹过渡。

（2）马家窑文化

马家窑文化因最早在甘肃省临兆县安家姚村古文化遗址发现而得名,马家窑的彩陶是这一时期彩陶创作的高峰,根据碳–14测定,马家窑文化的时间大约为公元前3190~前1715年。

马家窑的彩陶以泥制和砂制红陶为主,陶器胎土经过淘洗,细腻多磨光,最具代表性的马家窑彩陶包括三种文化类型,分别是马家窑类型、半山类型和马厂类型,器型多以双耳彩陶罐、平底盆、小口长颈瓶等为主,三种类型在纹饰上各有特色,马家窑类型多以红底黑彩,半山类型多红底黑彩和少量红彩,马厂类型为红色陶衣上使用红黑彩。纹饰多抽象几何纹饰,包括圆点、弧纹、三角纹、漩涡纹（图1-3）、网格纹、人面纹等。

图1-3 马家窑文化双耳罐

（3）大汶口文化

大汶口文化是首先发现在山东泰安市大汶口的新石器时代文化,分布范围大致在山东和江苏北部,大汶口文化发现的陶器主要以砂质红陶和泥质红陶为主,除了红陶外,还出土了黑陶、灰陶和白陶器（图1-4）。早

图1-4 大汶口文化白陶双系壶 现收藏于故宫博物院

期陶器以手制为主，后期出现轮制，胎质细腻，器表多磨光，纹饰以简单的划纹、弦纹、三角纹、镂刻纹、网纹、圆圈纹、漩涡纹等，彩绘多用红、黑、白三色，主要器型包括饮器、盛储器。饮器主要器型有袋足鬶、高柄豆、长颈深腹壶、高柄杯等；盛储器主要是深腹罐和尊。这一时期出土大量白陶器，白陶器颜色洁白，烧制温度较高，在器型上和黑红陶类似。

（4）龙山文化

龙山文化因1928年首次在山东章丘县龙山镇城子崖发现而得名。随后在河南、陕西、山西、河北、湖北、安徽、江苏、甘肃等地都相继发现了相似的文化遗址。

龙山文化最具特色的是砂质黑灰陶和泥质黑灰陶，数量也最多，少有红陶和白陶。陶器早期多手制，后期多轮制，器表磨光，多饰以绳纹、划纹、弦纹、方格纹、附加堆纹、圆圈纹。器型种类丰富，以饮食器居多，炊器、盛储器次之，在器物类型上较其他文化丰富，最具代表性的饮器特征有：三袋状足鬶、盉、斝、深腹平底壶、高柄杯等（图1-5）；炊器为罐形鼎、盆形鼎、三袋足甗等；食器有平底碗、高柄豆、圈足盘等；盛储器包括平底盆、深腹尊等。

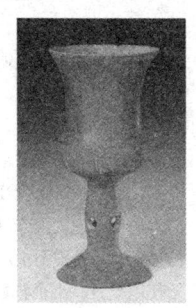

图1-5 龙山文化黑陶高柄杯

（5）长江中下游及其他地区新石器时代文化

在长江中下游已发现的新石器文化有大溪文化、屈家岭文化、龙山文化、河姆渡文化、良渚文化以及南部的福建、广东、广西，西南地区和四川、贵州、云南，北部地区的辽宁、黑龙江地区发现的新石器时代文化，我们着重说一下河姆渡文化和良渚文化发现的陶器。

河姆渡文化因最初发现于浙江省余姚市河姆渡镇而得名，根据碳-14测年，约为公元前4360年~前3360年。河姆渡文化以夹碳黑陶为主，间或有砂质和泥质灰陶，制作方法以手制为主，烧制温度较低。纹饰早期以简单的绳纹，后期以具象纹饰居多，具象纹饰包括凤鸟纹、猪、鱼、植物纹。器型包括圜底釜、圜底三足鼎、甑、平底钵、平底罐等。

良渚文化最早在浙江省杭州市良渚发现而得名，碳-14测年，年代约为公元前2750-前1890年，良渚文化的陶器以泥质黑陶居多，还出土了少量的泥质灰陶和砂质红陶。陶器主要是轮制，器表磨光多饰简单划纹、绳纹、篮纹、附加堆纹等，还有少量的彩绘、彩陶。彩陶主要以红胎饰黑彩和红胎饰红褐彩为主，器型主要由陶鼎、圜底釜、袋足鬶、三足盉等。

其他西南、东北、西北的新石器时代中晚期文化出土的陶器数量较少，在制作水平、器物种类、纹饰类型上较其他地区少，故不再赘述。

（二）夏商周陶器

1. 夏代陶器

我们现在所讨论的夏商周时期，尤其是夏代的界定问题，至今仍是历史学界和考古学界有争议的问题，所以我们在这一节中所说的夏代陶器主要以无争议的二里头文化的早期为界定，而中晚期我们作为早商文化来讨论。

夏代陶器我们主要是以二里头文化出土的陶器为主，二里头文化是因在河南偃师二里头村发现的遗址最具有典型性而命名，二里头文化分布广泛，在河南、山西、山东都有发现。陶器出土数量多，主要是砂质和泥质灰陶为主，此外还有少量的红陶、白陶、黑陶等。在制作方法上均以轮制为主，纹饰包括划纹、弦纹、圆圈纹、篮纹、附加堆纹等，器型以炊器、盛储器、食器、饮器等。

炊器主要有陶鼎、陶罐，盛储器有陶盆、陶缸、陶瓮等，饮器有陶觚、陶盉、陶爵等，食器包括陶豆、簋等。

此外与二里头同时期的另外两个夏代文化遗址，山西东下冯类型和岳石文化出土的陶器在陶器的器型、陶土上略有差别，例如东下冯类型的陶器中多出现陶鬲，岳石文化陶土多为泥制黑灰陶、灰褐陶，胎壁也较厚，但是在制陶工艺和水平上和二里头文化相当。

### 2. 商代陶器

商代主要以两个遗址出土的陶器为主，一个是二里头晚期和二里岗遗址出土的陶器，另一个是商代后期殷墟出土的陶器。

商代早期的陶器，以二里头文化晚期出土的陶器为代表，和二里头文化早期陶器一脉相承，在陶土上主要以砂质和泥制灰陶为主，器型种类较前期丰富，主要有陶鬲、陶罐、陶甗、陶斝、陶盉、陶觚、陶豆、陶簋、陶尊、陶盆、陶壶等，在纹饰上以简单划纹、弦纹、附加堆纹、带状纹、云雷纹、鱼纹等。

商代中期的陶器以二里岗遗址出土的最为典型，在商代中期出土的陶器中，可以明显看出制陶工艺的提高，陶器种类更加丰富，工艺更加复杂，纹饰更加精美。在制陶工艺方面，制陶工艺均为轮制，开始使用模具，出现较复杂的器型。陶器包括食器、水器、盛储器、炊器等器型，大概20多种，主要由鬲、甗、鼎、罐、豆、斝、鬶、盆、簋、壶、尊等，纹饰在简单的几何纹的基础上，出现了饕餮纹、夔纹、乳钉纹、花瓣纹、圆圈纹、方格纹等纹饰类型。

商代晚期的遗址以河南安阳殷墟为中心，陶器也以安阳殷墟出土的最为典型，其他同时期遗址主要在河南、河北、山东、山西、湖北、湖南、安徽、江西、江苏等地发现，这一时期的陶器主要以殷墟为主，与商代中期相比，在制陶工艺和种类上有所下降，这可能受到青铜器出现的影响。

商代晚期的陶器仍以泥质灰陶和砂质灰陶数量最多，并且有少量的红陶、黑陶（图1-6）和白陶。主要器型有炊器、食器、盛储器、水器等，纹饰与商代中期比变化不大，包括简单的划纹、绳纹、云雷纹、方格纹、附加堆纹以及夔纹、饕餮纹等。

图1-6 灰陶刻画三角纹双系罐

商代开始，青铜器铸造技术得到较大的发展，在器型和纹饰方面很明显受到了陶器的影响，在纹饰的精美程度上，青铜器明显更加精美。

### 3. 周代陶器

周代的陶器广泛发现于广西、河南以及东南部地区，陶质以砂质和泥质灰陶数量最多，在西周时期主要的陶器器型包括鬲、甗、瓮、罍、盆、豆、簋、盘等，多数在器物表面装饰有简单的弦纹、绳纹、附加堆纹，各地区在陶器器型的数量上略有差别。在陕西地区以鬲的数量为最多，河南地区出土的西周陶器中鬲、甗、罍、豆数量较多，东南地区则以砂质的红陶和泥质的灰陶居多，还有少量的泥质黑陶。

东周时期陶器多平底器和袋足器，我们可以在东周各时期的陶器上明显看到袋足的一个变化，这个问题涉及到考古学的类型学问题，在此不再赘述。在战国以后因为丧葬习俗的演变，在墓葬中的随葬陶器中出现了新的种类，例如陶仓、陶楼阁以及各类仿实物的陶俑、兽俑以及反映社会生活的伎乐俑、武士俑等，丧葬陪葬俑出现了较为规范化的倾向。

（1）战国陶器

从这一时期开始我们将陶器分为日常使用和墓葬的随葬品即明器两大类。

1）日用陶器

战国出土陶器仍以砂质灰陶和泥质灰陶居多，伴有少量的砂质红陶，器型和东周时期没有大的差别，在战国时期的陶器上出现了刻字陶文，据考证多是制作陶器时制陶工匠或者陶窑的名称，这对于研究战国时期的人文、社会状况提供了重要的价值。

2）随葬陶器

在随葬陶器里分为两种情况，一种是曾为实用器，在墓主人死后随葬在墓葬里，还有一种陶器制作时就是作为明器而出现的。实用器主要包括鼎、釜、瓿、豆、簋、盘等，纹饰包括简单几何纹饰和彩陶两种，其中很多纹饰样式和青铜器的纹饰类型相似，在器型组合上包括鼎、豆、壶组合，鼎、盒、壶组合等，在战国随葬的陶器中，各地随葬的组合形式不尽相同，陶器的制作形制也有差别。

（三）秦汉时期陶瓷器

1. 秦汉时期陶器

在西汉后出现的低温铅釉以及以铜为着色剂的绿釉陶器出现，随后原始瓷器在东汉的中晚期出现了，秦汉时期是陶器向瓷器转型的时期，也是我国陶瓷发展史中的一个重要时期。

（1）秦代陶器

秦代陶器主要以陕西咸阳、临潼秦始皇陵区随葬兵马俑坑里随葬陶器和秦代墓葬中陶器为主。陶器形式上与战国陶器类似，在一些陶瓦当、陶砖及陶器上发现了文字，包括地方官府制陶作坊的"商标"以及制陶工匠的姓名、居住地等信息。

陶器分为日常用器具和随葬陶器两类，日常用陶器主要以泥质和砂质灰陶居多，包括炊器、盛储器等，在纹饰上包括弦纹、划纹和彩绘纹饰等，多为轮制。

随葬陶器包括实用器和明器两种，与战国时期随葬陶器类似。

（2）汉代陶器

汉代的陶器主要以汉代遗址、城址以及墓葬里发现的陶器为主，主要以泥质灰陶为主，砂质陶器较少，还有少量的红陶和黑灰陶，汉代的墓葬中出土了一些以铜为呈色剂的低温铅釉陶器，在这一时期，低温铅釉陶器得到了进一步发展，在陶器功能分类中还是分了两大类，即实用器和明器。

汉代的实用陶器多以炊器、盛储器为主，包括陶釜、陶碗、陶甑、陶杯、陶罐等，纹饰以绳纹、弦纹、划纹为主。随葬陶器在数量和种类上较前代多样化，在墓葬中发现的陶器种类多达20多种，包括鼎、釜、瓿、豆、杯、罐、壶、盆、瓮、盂等；在墓葬中，随葬的陶器在发现的时候也多是以组合的形式出现，比如中原地区发现的汉代遗址和墓葬中，陶器多是以鼎、盒、壶、仓、罐、瓮或盆加碗的组合出现，西汉晚期出土的陶器组合形式更加多样，还包括陶井、熏炉、釜、盘等。

东汉早期墓葬中出土的陶器，传统陶器种类骤减，到东汉中期，大量出现了家畜、百戏等陶俑，再到东汉后期，开始大量出现生活气息明显的乐舞、百戏、仓房、楼阁、以及家畜器型。我们可以在这一时期出土的陶器中窥探到东汉时期的社会生活的方方面面。

在东汉时期的陶器中，有比较多的陶瓦当的出现，这一时期最著名的就是以"四神"形象为代表的瓦当，兼有绘制卷云纹、直线文、曲折纹、三角纹、弧纹等纹饰，具有较高的艺术价值。

汉代的陶器不同地区各具特点，在器型、纹饰及随葬的组合形式上有所差别，我们一般讨论的是中原地区的陶器，此外，在长江流域的两湖地区的陶器，沿袭了战国时楚国的陶器风格，与中原地区比较接近，在陶质上，多为灰陶与硬陶器，纹饰变化不大，有部分彩绘，显示了楚文化的特色，受到楚文化影响的岭南地区，大部分都是硬陶器，也包括少数的绿色低温铅釉器；其他的已发现的汉代遗址，比如新疆地区，在器型和纹饰上都能看到中原地区的影响，从中可看出汉代文化的传播轨迹。

### 2. 秦汉时期原始瓷

我们前面写到，原始瓷器从商周开始就已经出现，到了秦汉，原始瓷器继续发展，但我们根据现有的考古发现表明，秦汉原始瓷又和商周时期原始瓷在胎质、釉色、器型上有较大的不同，这可能跟战乱所引发的原始瓷烧制技术的失传有关系。

秦汉时期的原始瓷胎质断面呈灰白色，胎质坚硬，烧制温度较高，但是因为烧制技术的原因，有一部分陶胎质地疏松，在一定程度上又未发展到成熟的瓷器，所以这一时期的瓷器又被称为原始瓷，又因多在陶器上施釉而被称为"釉陶"。

在器物的造型和纹饰上，秦汉的原始瓷根据年代不同有一定变化，早期多有仿青铜器样式及纹饰，制作较为精细；中期部分器型有较为明显的变化，比如鼎、盒的数量骤减，器型腹、圈足、装饰方面有细微的变化；西汉晚期原始瓷器有了较大的变化，常见的器物有壶、瓿、罐、盘、碗等，而盒和鼎数量较少，此外，在随葬的明器中出现了仓房（图1－7）、猪舍、牛马等瓷塑。

上图的陶仓是东汉时期墓葬出土的绿釉陶仓，多为墓葬中随葬的明器，始于战国、秦代墓葬，汉武帝后盛行，与灶、井、炉配套使用。

图1-7 绿釉弦纹熊足陶仓 东汉 现存于故宫博物馆

现在的考古发现中，秦汉原始瓷广泛分布于浙江、江苏、安徽的遗址和墓葬中，此外，陕西、河南、山东、江西、湖北、湖南也有少量发现，在这一时期，原始瓷器的器型和种类开始向日常生活用具以及反映社会生活的器型转变，实用器和明器具有一定区别，这一点值得注意。

那么下面我们来介绍一下，秦汉原始瓷的产地以及窑场的情况。秦汉原始瓷主要在长江中下游的江苏和浙江出现，其中又以汉代的居多，主要出土于汉代墓葬和汉代遗址，原始瓷窑场在考古学上，分布较为分散，主要集中在具有瓷土的地方，依山而建，就地取材，这和早期瓷器烧制方法息息相关，我们现在发现的窑址可以看出，早期窑场多为小型窑场，烧制技术也不成熟，到了东汉时期，才完成了原始瓷到瓷器的过渡。

### 3. 汉代瓷器

我国瓷器是使用瓷石和高岭土做坯，在1200摄氏度的温度下高温形成的坚硬的器物，器表施釉，表面光滑不吸水，瓷器的制造和使用极大地丰富了人们的日常生活，随后的每个朝代瓷器在施釉、纹饰、制作工艺方面都进行了提高。现在，瓷器已经不仅仅受到国人的喜爱，更是在国际上享誉盛名，成为中国走向世界的铭牌。

最早的瓷器出现在哪个朝代众说纷纭，有的考古学者认为，最早的瓷器出现的商代，但就现有的出土文物来看，商代的瓷器还停留在原始瓷阶段，直到东汉时期，在墓葬和遗址中出现了大量的古代瓷器遗物，这些陶瓷器的发掘和检测，表明东汉时期的陶瓷器的构成和烧制温度及及质量已经达到瓷器的标准，所以说我们说真正的瓷器是出现在东汉时期的，这些考古发掘的瓷器集中在河北、河南、湖北、湖南、江西、安徽、浙江、四川等地。

汉代瓷窑主要出现的是青瓷，伴有少量黑瓷，青瓷釉色淡雅，器形端庄，胎质坚硬，氧化铁含量低，胎釉少脱色现象。器型包括日常生活用的碗、罐、盘、壶等，纹饰多用弦纹底纹，此外还要弦纹、水波纹、动物纹或动物装饰等。在汉代时期，根据瓷器中氧化铁含量的不同，还出产少量的黑釉瓷，黑釉瓷的氧化铁含量多在4~9%之间，汉代在浙江地区，尤其是上虞出土的这批瓷器，形成了后来的名窑—越窑。

#### 4. 汉代瓷窑

汉代的瓷窑多是用龙窑煅烧瓷器，龙窑因形状为一条狭长的甬道酷似龙而得名，龙窑前低后高，似从天而降，另说像蜈蚣或蛇，所以也被称为"蜈蚣窑"或"蛇窑"。龙窑分三部分，分别为窑头、窑室、窑尾。窑头有火门、通风口和火膛；窑室末端有挡火墙，挡火墙底部有几个专门用作排废烟通道，墙后还有排烟坑，但是早期的龙窑的窑室较短，结构不完善，且保护瓷器的窑具较少，所以在烧制温度上不均匀，无法做到全部正烧，早期的瓷器的器底会出现生烧的现象。

在已发现的汉代窑址里，我们发现一系列常见的窑具，主要在瓷器烧制时起到承托的作用，多是垫装胚件的垫座、筒形座、垫环、三足支钉等，到东汉后，这些垫具发展的较为成熟，装坯方式进步较大。

#### （四）魏晋南北朝时期的窑址及瓷器

魏晋南北朝时期北方因经历了战乱，南方相对安定富足，所以这一时期瓷窑主要在南方地区出现了较大的发展，这一时期比较有名的瓷窑包括越窑、婺州窑、岳州窑等，其中对唐代影响较大的越窑逐渐发展出一大窑系。在三国两晋时期，浙江的瓯窑、婺州窑等也发展成和越窑并称的瓷窑，此外，在江西、湖南、福建等地也陆续发现了一些这一时期的窑址。

#### 1. 青瓷

在这一时期比较重要的生产青瓷的瓷窑就是越窑。越窑即"越州窑"，在《景德镇陶录》中写道"越窑，越州所烧，始于唐，即今浙江绍兴府，在隋唐曰越州。（图1-8）"在我们前面所讲的早期青瓷中曾经提到，在浙江上虞地区出土了大量的青瓷残片，这些出土残片据考证应为早期越窑所烧制。

在浙江出现瓷窑是有原因的，首先我们说，在魏晋南北朝时期，北方战乱的背景下，南方相对安定，这为瓷窑的发展提供了社会基础，其次，浙江上虞及附近地区有适合瓷器烧制的瓷土以及大量的河流，这是早期窑址的必备自然条件，所以在这一区域形成了比较成熟的窑系也就不奇怪了。

图1-8 青釉羊 现藏故宫博物院

根据现在考古发现的窑址可以看到，在上虞地区发掘了越窑的龙窑坑中，根据龙窑的大小，以及文献中关于窑具中三足支钉的应用，我们推测已经出现可以一次烧制几千甚至上万件瓷器，可见在这一时期，瓷窑具备很可观的生产能力。

越窑的瓷胎外施青釉，胎质细腻，多呈灰白色，其中氧化硅含量较高，烧制温度在1200摄氏度到1300摄氏度之间，烧成的瓷器逐渐替代了日常的漆、竹、木、陶器等，成为魏晋时期的日常家用之器。所以我们可以在考古发现中，看到很多生活气息浓厚的瓷器，例如碗、罐、盏、盆、盘，以及大量动物造型的器物，包括虎子、鸡首壶、鸟形杯、羊形器、猪形器物等等。在纹饰和瓷器的装饰物上，也更加丰富多彩，造型更加丰富生动贴近生活。

#### 2. 黑瓷

在魏晋南北朝时期，除了青瓷外，也出土了为数不少的黑瓷，黑瓷的胎质不像青瓷那么细腻，黑瓷根据器物的用途有粗细之分，黑瓷是在瓷胎外施以黑油，在胎釉里含有大量的氧化钙，显色剂为铁元素，瓷器多呈现深绿色或黑色，在现在的安徽、江西、浙江、福建等地区多有发现，器型包括碗、罐、缸、灯、瓶等。

在这一时期,除了青瓷和黑瓷外,也出现了极少数量的白瓷,多发现于河南安阳地区。

魏晋南北朝的瓷器发展速度很快,现在已发掘的窑址遍布全国大江南北,仅在浙江上虞县就发现了40多处,瓷窑的分布范围广泛,且瓷窑各具特色,其中青瓷是较为成熟的窑系,此外还有黑瓷和白瓷。在瓷器的制作工艺上,我们发现,大量生活化的具有一定造型的瓷器数量多了起来,这也代表瓷器的烧制成型技术有了较大的提高,这也跟不断改进的窑炉、窑具有关系,在器物的外形上,在胎体外面涂化妆土,使瓷器表面更加光滑。这一时期在南京还出土了彩绘瓷,这可能是我国最早出土的釉下彩瓷器了。

### (五)隋唐及五代瓷器

隋代虽然仅有39年,但是隋代的瓷器上承南北朝时期瓷器,下接唐代瓷器,并对此以后的瓷器发展起到了重要的作用。隋代的瓷器具有一定的过渡性,主要分为青瓷系和白瓷系,这也为唐代青瓷白瓷体系的形成奠定了基础。

隋代日用瓷数量依旧很多,造型生动,装饰手法多用印花、刻花、贴花等,即在瓷器未干时,用瓷土烧制的阳文印模压成划纹,然后在上釉烧制而成,而白瓷虽在南北朝时期已经有发现,但真正烧制成功开始于隋代。

唐代的瓷器使用更加普遍,所以陶瓷手工业快速发展了起来,瓷器种类大大丰富,造型更加新颖,远超前代,在这一时期形成了以浙江越窑为代表的青瓷和以河北邢窑为代表的白瓷两大体系,瓷器盛行与这一时期饮茶风气的盛行有着密切的关系。唐代国家统一,国力强盛,对外的贸易蓬勃转兴,尤其是当时著名的丝绸之路和海上贸易,这些对外的文化交流也促进了陶瓷业的发展,在唐朝形成了比较具有异域风格的独特风貌。

隋代比较具有代表性的瓷器是鸡首壶,到唐代时却很少出现,而是出现了大量的执壶,隋代的四系罐到了唐代依旧可见,印花和灰白色釉逐渐被三彩瓷所替代,胎壁逐渐由隋代的厚重变为轻薄,器型由于受到西域的影响,出现了具有异域风情的器型。

#### 1. 隋唐北方地区

隋唐时期北方瓷窑发现于河北的内丘、临城、曲阳、磁县;山西的平定、浑源;山东的淄博、枣庄;河南的安阳、巩县、密县、登封、辉县、郏县、鲁山;陕西的铜川等。瓷窑以生产白瓷为主,兼烧黑釉、青釉、酱釉、黄釉、黑釉蓝彩及绞胎、绞釉、三彩等。发现的瓷窑为圆形、椭圆形、马蹄形。

(1)邢窑

位于河北内丘、临城以及邢台市内。邢窑以烧白瓷为主,是中国古代的名窑。临城陈刘庄发现窑址23处,采集到隋代较完整的器物30多件,有青瓷和白瓷。内丘发现窑址28处,邢窑在唐代的烧造更为兴盛,白瓷的产量大、质量高。

(2)安阳窑

位于安阳市北郊洹河之滨。瓷器以碗、盆、钵、瓮、四系罐、高足盘为主,还有瓷俑等。器物的胎色灰白;釉呈青绿色透明;纹样有刻、划或印的莲花、忍冬、草叶、波浪和三角纹。白釉的色调稳定,白度较高,有的白瓷俑、兽还以黑彩加以绘制。

(3)巩县窑

隋代兴盛,唐代进入极盛,主要烧白瓷和三彩,可能是《元和郡县志》所载的"开元中河南贡白瓷"的产地。巩县的大、小黄冶村窑是烧唐三彩的主要窑场,器物种类繁多,有黄釉、绿釉和绞胎器。还采集到唐代窑址中少见的翻制马、象、狗、骆驼、鸟、狮及器物部件、纹样的范模,有单模、双模、多模之分。

（4）耀州窑

位于陕西铜川，于1959、1973、1984—1985年进行了发掘。瓷器以烧黑瓷、白瓷为主，其次是黄釉、绿釉，还烧白釉褐彩、素胎黑彩、釉下彩等。

（5）定窑

位于河北曲阳涧磁村，为北方的名窑。始烧于唐代中期，五代时期，唐代的产品以白瓷为主。唐代后期邢窑逐渐衰落后，定窑成为北方继邢窑后兴起的窑口，定窑在白瓷的造型、釉色方面可与邢窑媲美，部分器型仿制邢窑，唐代的定窑因多使用还原焰烧制，釉色中白中闪青，这是唐代定窑白瓷最重要特征。

定窑中"官"和"新官"款为窑白瓷精品，胎质细腻，制作精巧，釉色白中闪青，器表或素面或有刻花，代表定窑烧制最高工艺。

2. 隋唐南方地区

南方地区的窑址数量多、分布广，主要集中在浙江、江苏、江西、湖南、安徽、四川、福建、广东、广西等地，均为青瓷窑，伴有少量白瓷。

（1）越窑

以浙江的上虞、余姚、慈溪最为兴盛，发现了30余处窑址。唐代的产品种类丰富，釉色以青泛黄为主（图1-9），光泽晶莹，唐初的器物胎体较厚重，一般无纹样，唐后期的胎质细，火候高，以划、印并兼刻、镂、彩绘等技法装饰纹样，题材以花卉为主，也有禽兽、人物。器型多为碗、钵、罐、盘、灯盏为主，绝大部分是青瓷。

（2）婺州窑

位于浙江金华地区，现发现唐代窑址22处，婺州窑是继越窑之后不久兴起的南方名窑，发展的鼎盛时期在唐、北宋。隋唐时较普遍地在瓷器的胎外施用化妆土，使暗灰和深紫的胎色得到覆盖，烧出的器物器表光滑。

图1-9 越窑青釉瓜棱执壶

（3）岳州窑

位于湖南湘阴，是长江中游盛唐前期重要的瓷窑。隋唐产品以碗、杯、盘、壶、罐为主，釉色有青、酱绿、酱褐、酱黄等多种，胎呈灰白、棕黄色，纹样以印、划、雕塑等技法饰出的莲花、卷草、几何形为多，也有人物和鸟兽等。隋代器物的纹样丰富，入唐后较简单。

（4）铜官窑

位于湖南长沙，生产的瓷器主要以壶、碗、盘为主，各式的壶是长沙窑最具特色的器型。不少器物是先涂化妆土后再施釉，釉色有青、黄、褐、白等。釉下施绿、褐等彩绘。以印、刻、划、剔、雕塑、镂空的技法饰出繁缛的纹样。釉下彩绘和在器物上题有文字是长沙窑的产品的特征。

（5）寿州窑

位于安徽淮南市，创烧于南朝中晚期，兴盛在隋唐，发现窑址10处，已发掘的窑炉呈圆形，主要是以氧化焰烧制黄釉瓷。胎色为淡黄、红、青灰等。产品有碗、杯、钵、高足盘、壶、注子、罐、炉、枕等。寿州窑以烧黄釉瓷著称。

除上述窑口外，还有江西丰城的洪州窑，四川邛崃县的邛窑等窑口。唐代在南方地区也出现了不少白瓷。

隋唐以后，进入社会动乱的五代十国时期，在这一时期的瓷器发展又是怎样的呢？

3. 五代十国时期瓷器

五代十国时期地方割据加剧，社会动荡，五代的瓷器主要沿袭了唐代晚期的风格，五代时期主要的瓷窑包括河北的定窑，河南的密县窑，浙江的越窑，江西的景德镇窑等。这一时期的瓷器在造型、纹饰、款识等方面都和晚唐时期类似，出土瓷器以青瓷和白瓷居多，下面我们简单介绍一下五代时期主要窑口及所产瓷器的特点。

（1）定窑

位于河北曲阳县涧磁村，在唐、宋时期属定州管辖，以现有的考古发掘资料来看，河北曲阳县涧磁村文化层堆积包括北宋、五代和晚唐三层，可见河北曲阳县烧制瓷器至少有六百年历史，现在已发掘的瓷器中，胎体厚重，制作不够精致，造型风格粗犷，多施以青釉、黄绿釉，部分白瓷（图1-10）制作相对精美，多是在还原焰下烧制，釉色有白中闪青色，以日常用具，包括碗、盘、罐、盒、瓶、灯等器具为主。纹饰简单，款式以白瓷上带"官"和"新官"字款为主。

图1-10 定窑白釉"官"字款碗 五代 现藏于故宫博物院

（2）密县窑

遗址位于河南省密县老城西关公路桥两侧的河沟两岸，主要出土瓷器以白釉为主，黑釉和黄釉次之，在瓷器的烧制方法上可以明显看出晚唐的风格。

（3）越窑

五代的越窑遗址主要集中在浙江，出土的越窑青瓷质地细腻，多以碗、瓶、罐居多，胎壁较薄，造型精美，釉色均匀且薄。

（4）景德镇窑

位于江西省景德镇，根据乾隆年间《浮梁县志》中写道"新平冶陶，始于汉世"，但具体何时景德镇开始烧制瓷器，现在依旧不是很清楚。五代时期景德镇的瓷器以青瓷为主，兼有少量白瓷，青瓷和唐、五代所烧青瓷相类，白瓷与北方邢窑瓷器相比颜色更为纯正，这也预示着宋代瓷器的发展。

（六）两宋瓷器

宋代的瓷器在我国南北均有大量发现，北方主要包括今天的河南、河北、山西、山东等省，南方主要集中在浙江绍兴、上虞、宁波等地，以及江西的景德镇、吉州，东南沿海地区的福建省、广东省、广西省等地，烧制瓷器包括青瓷、白瓷、黑瓷三种。

宋代五大名窑：汝窑、官窑、哥窑、钧窑、定窑。此外，还可分为八大窑系。宋代八大窑系则是指定窑系、磁州窑系、耀州窑系、钧窑系、龙泉窑系、景德镇窑系、建窑系和越窑系。

宋代的五大名窑和民窑的八大系统，只有官窑和哥窑的命名方式是特例，其他都是以窑口地址作为命名的依据，下面我们来一一介绍一下宋代的官窑和民窑体系。

1. 汝窑

宋代五大名窑之一，窑址位于今河南临汝、宝丰一带，宋代属汝州，故名汝窑。汝窑是宋代为满足宫廷特殊需要而设立的窑场，又称汝官窑。汝官窑瓷的特点是胎质细腻较薄，造型端庄，天青色釉色晶莹似玉，汝窑采用支钉支烧法，瓷器底部留下细小的支钉痕迹。器型多仿造古代青铜器式样，汝窑传世作品多以

图1-11 汝窑天青釉盘

盘、洗居多（图 1-11）。

2. 定窑

北宋是定窑发展的鼎盛时期，到了元朝，定窑逐渐没落。定窑以烧白瓷为主，瓷质细腻，质薄有光，釉色润泽如玉。定窑瓷器的主要特征，胎体轻薄，胎色洁白，釉面多为乳白色（图 1-12），白中闪浅米黄色，此外需要注意北宋早期定窑产品口沿有釉，到了晚期则口沿多刮釉，形成所谓"芒口"。官府所用瓷器底部有"官"、"尚食局""尚药局"等。

图 1-12 定窑白瓷盘 现藏于故宫博物院

3. 钧窑

窑址在河南省禹县（今禹州市），为宋五大名窑之一，位于今河南禹州。因古属钧州，故又名钧窑。以瓷窑钧窑著称于世，属北方青瓷系统。创始于唐，兴盛于北宋，主要烧造时期就是宋、金、元时期。

钧瓷的釉色以"釉具五色，艳丽绝伦"而独树一帜，它创造性的使用铜的氧化物作为着色剂，在还原条件下烧制出窑变铜红釉。钧瓷两次烧成，第一次素烧，出窑后施彩二次再烧。并由此繁衍出茄皮紫、海棠红、丁香紫、朱砂红、玫瑰紫等多种窑变色彩，红里有紫，紫中有蓝，蓝里泛青，青中透红，青蓝错杂，红紫相映，宛如蔚蓝的天空中出现的一片彩霞（图 1-13），五彩渗化，交相辉映，故也被称为"国之瑰宝"。

图 1-13 钧窑天蓝釉红斑花瓣式碗 宋 现藏于故宫博物院

4. 官瓷

官窑有北宋官窑和南宋官窑之分，为中国五大名窑之一。官窑因制作技艺高，成品率极低，加之其制作工艺曾失传，故传世作品甚少，倍显珍贵。北宋官窑历时短暂，毁于金兵攻陷开封的1125年。

官窑主要烧制青瓷，釉色以月色、粉青、大绿三种颜色最为流行。官瓷胎体较厚，天青色略带粉红颜色，釉面开大纹片。瓷器足部无釉，烧成后是铁黑色，口部釉薄，微显胎骨，即通常所说的"紫口铁足"，这是宋官窑瓷器的典型特征。

5. 哥窑

哥窑是宋代五大名窑之一，以纹片著称，俗称"金丝铁线"（图 1-14），其特征可归纳为：黑胎厚釉，紫口铁足，釉面开大小纹片，均匀光洁，晶莹滋润，造型挺拔大方，轮廓亦柔和流畅。

那么我们再来介绍下民窑的八大窑系其中的耀州窑系、磁州窑系、龙泉窑系、景德镇窑系。

6. 耀州窑

耀州窑的青瓷烧造在北方窑业系统中一直占有十分重要的地位。窑址以陕西铜川黄堡镇为中心，随后向其周边延续和发展。黄堡耀州窑创于唐代，盛于宋而终于元。唐代时期主要烧制黑釉、白釉、青釉、茶叶末釉和白釉绿彩、褐彩、黑彩以及三彩陶器等。

图 1-14 哥窑青釉贯耳瓶 宋 现存故宫博物院

143

耀州青瓷在继承五代剔花风格的基础上，主要采取剔、刻结合的装饰手法，在纹饰题材上以植物纹为主，纹样多为流云、缠枝花卉和多层莲瓣纹等。

7. 磁州窑

磁州窑是北方最重要的窑口之一，也是我国古代北方最大的一个民窑体系，窑址在今河北邯郸磁县的观台镇与彭城镇一带，磁县在宋代属磁州，故名磁州窑。据考察，磁州窑创烧于五代到北宋初期，辽金元、明清仍继续烧制，烧造历史悠久，具有很强的生命力。

磁州窑胎质较粗，具有浓郁的生活气息，造型古朴，磁州窑的器物上的纹饰多是具有生活气息的绘画，纹饰多是用白地黑彩的彩绘装饰，多为人物、花鸟、山水等题材，在瓷器底部，有时会有烧制工匠的署名，例如"张家造"字样。

8. 景德镇窑

景德镇窑早在汉代就开始烧造瓷器，所产瓷器四大特点分别为，白如玉，明如镜，薄如纸，声如磬，景德镇主要生产青白瓷，青白瓷也叫"影青"、"隐青"、"映青"，指的是釉色介于青白二色之间，青中泛白、白中透青的一种瓷器，景德镇在元明两代不断推陈出新，在彩瓷和釉色品种上有突出成就，景德镇从元明开始成为全国的制瓷中心。

宋代景德镇烧制的瓷器主要以日用器皿为主，包括盘、碗、酒器、盥洗器等，纹饰主要以刻花、篦点、篦划、印花为主，景德镇因具有独特的水土，能开采出优质的高岭土，再加上一代又一代景德镇制瓷工匠的努力，逐渐形成了以景德镇为中心的青白瓷体系，到了宋代江南地区，青白瓷成为江南瓷器体系之一，居宋代瓷系之首。

9. 龙泉窑

龙泉窑因其主要产区在龙泉市而得名。它开创于三国两晋，衰落于清代，鼎盛时期为宋代。龙泉窑生产瓷器的历史长达1600多年，是中国制瓷历史上最长的一个瓷窑系。特征为胎质较粗，胎体较厚，釉色淡青，釉层稍薄（图1-15）。

我们可以看到，宋代的瓷器不论是在烧造工艺、造型、施釉、纹饰等方面都有了较大的发展。首先，在胎土方面，宋代的江南地区的窑址使用大量的优质瓷土，烧制的瓷器质地洁白，胎体薄，在着色方面，宋代铜红釉的发明，开始用氧化铜作为着色剂，大大丰富了瓷器的色彩，为后世烧制红釉瓷器奠定了基础；在覆烧工艺上的技术改进，大大提高了瓷器的生产量，此外，这一时期窑炉面积不断扩大，

图1-15 龙泉窑三足炉 宋代 现存故宫博物院

出现了月产量达到数万件的大型窑炉；在纹饰上，印花装饰的应用、刻花装饰的成熟，都使得这一时期的瓷器更加的精美。

（七）元、明陶瓷

元代前期，虽然蒙古族落后的生产方式给社会经济文化带来了较大破坏，但是因为出现了统一的国家和较发达的对外贸易，在一定程度上也刺激了元代后期各种手工业的发展，对于当时的制瓷业来说，元代景德镇的青花瓷无疑在这一时期获得了较大的发展，而其他的窑口，比如定窑、吉州窑、钧窑等，都受到了不同程度的影响，所以在元代，最能代表制瓷工艺的最高水平的无疑是景德镇。

元代除了青花瓷外，还有一种白瓷，因这种白瓷上发现有"枢府"字样，而被称为"枢府瓷"。这种枢府瓷胎质上多为白胎呈卵白色，比正常的青白瓷厚，以盘、碗、执壶为主，在器型上分为精、粗两

大类，枢府瓷以刻有铭文"枢府"两字最为典型，元代除了少量的枢府瓷外，还有最为重要的，就是元代的青花瓷。

1. 元代瓷器

（1）元代青花瓷

唐以前的瓷器，多为青瓷，唐代时期形成了"南青北白"的格局，到了宋代，烧制瓷器的窑口遍布全国，出现百花争艳的景象，元代以后，景德镇的青花瓷发展成熟，成为了中国瓷器的主流，而其他前朝著名的窑口都相形见绌，景德镇成为名副其实的"瓷都"。

青花瓷以氧化钴（COO）为呈色剂的彩料，在瓷胎上直接描绘图案纹饰，再罩上透明釉，入窑经1300摄氏度高温还原焰一次烧成。古人将黑、蓝、绿等皆曰"青"，故名青花瓷。我们从现存的元代青花瓷器中发现，在中东地区，包括土耳其、印度、伊朗等博物馆收藏的瓷器中，可以看到元代青花瓷的影子，这是由于当时元代对外贸易发达，景德镇青花瓷作为重要的外销瓷成为了对外贸易中的重要商品，所以元代景德镇青花瓷的研究是离不开对这批外销瓷的研究的。

这批外销瓷也是元青花成熟的标志，这时期的景德镇青花瓷瓷胎洁白，有纯净的透明釉，使用进口苏泥勃青料绘制蓝色图案的花纹，釉下彩绘制技术也逐渐成熟，这一时期的青花瓷因多出产于至正年，也被称为至正期青花瓷（图1-16）。

图1-16 青花凤穿花执壶 元代

至正期青花瓷器型主要以盘、罐、瓶、玉壶春瓶、执壶、盒等居多，大件器较多，但是大部分现存于国外的博物馆，国内的元代青花瓷传世品数量较少，青花装饰上以线描青花纹饰为主，有花卉、人物、动物几类，构图繁密，盘自内向外，瓶颈自上而下有数层甚至十几层纹样。

（2）元代釉里红

釉里红瓷器是瓷胎用铜红色颜料着彩，然后施透明釉，再使用高温烧制的釉下彩瓷器，烧制技术和青花瓷一样，只是显色剂不同，釉里红瓷器在前面讲过的长沙窑出现过，这种在高温还原焰中让铜元素在还原气氛中生成红色的技术，到了元代景德镇和青花结合，开创了青花釉里红的新品种。元代现存的釉里红及青花釉里红瓷器数量较少，年代也不确定。

此外，元代景德镇还烧制了铜红釉瓷器，钴蓝釉瓷器。铜红釉是以铜为呈色剂在高温中一次烧成的颜色釉，至明初永乐时期，工艺水平提高，臻于成熟；钴蓝釉是以氧化钴为釉的着色剂，在高温中一次烧成的一个瓷器新品种，由于钴蓝的烧造技术比铜红容易掌握，所以传世和出土较多。

2. 明代瓷器

（1）明代景德镇瓷器

我国的陶瓷工艺，经过宋代的发展，到明代又进入一个新的阶段。如果说，在明代以前，我国陶瓷的釉色，是以青瓷为主，明代以后，则主要是白瓷。白瓷的发展，为陶瓷装饰工艺发展开辟了广阔的新天地。

唐宋时期普遍流行的刻花、划花、印花等工艺，已经渐渐衰落，到了明代，画花的装饰方法，主要是青花、五彩等。

在明代，景德镇的瓷器几乎占据了全国的主要市场，高质量的瓷器基本都是景德镇供应的，向宫廷、皇室提供的最优质的瓷器基本都出自景德镇。这也促进了景德镇的制瓷业不断扩大新品种，提高产品质量，精益求精。随着社会生产力的发展，景德镇的瓷器开始走进了民间的中、上阶层居民，此外，因为对外贸易的发展，景德镇还生产了大量的外销瓷。到了明代后期，随着民窑体系的发展，一部分宫廷需要的御器，实际上是由民窑中"官古器"所烧造的。

明代制瓷工艺包括釉下彩、釉上彩、斗彩、颜色釉等四类。釉下彩是指青花瓷和釉里红瓷，明代的青花瓷是釉下彩发展的最高的阶段，釉里红瓷器在明洪武、宣德年间一度发展到极盛阶段；釉上彩是因为彩绘在釉上而得名，釉上彩是在高温烧制的瓷胎上在进行彩绘，然后低温烧制；斗彩又称为逗彩，是釉下彩与釉上彩拼成的彩色画面，宣德斗彩就是釉下青花与釉上单色相结合，成化斗彩是釉下青花与釉上多彩相结合。

明代日用瓷器的造型除继承前朝外，也有因时代需要而产生的新造型，如永宣时期的压手杯、双耳扁瓶、天球瓶等。成化时期则以斗彩鸡缸杯、"天"字盖碗等为典型器物；正德、嘉庆、万历各朝的大龙缸、方斗碗、方形多角罐、葫芦瓶等也都颇具代表性。另外也有各式文房用具如笔管、瓷砚、水注、镇纸、棋子、棋盘、棋罐等瓷器传世。

瓷器装饰手法已从元以前的刻、划、印、塑等转为彩绘（绘画）为主要手法。绘画纹饰的内容更加复杂多样，植物、动物、文字、山水、人物、花鸟、鱼虫等无不入画。明代早期以写意画为主，画风自由、奔放、洒脱，明后期以写实为主，画面抒情达意，简约轻快，极有漫画趣味。

下面我们来介绍下明代瓷器。

（2）洪武瓷器

朱元璋于 1368 年称帝，建元洪武，在现在可确认的传世洪武窑瓷器中，釉里红瓷器居多，其次是青花瓷，器型多是梅瓶、玉壶春瓶、执壶等。釉里红瓷器多呈现较淡或偏灰的色泽，器底部分为糙底，底部涂有釉浆，烧后呈现出红色，器型纹饰多为花卉纹，缠枝纹或折支莲花、牡丹、菊花等，少见动物纹饰。洪武窑制青花瓷中青色较元青花暗淡，色泽偏灰色，在花纹方面与釉里红瓷器相似。

（3）永乐瓷器

明代永乐年间在位皇帝是朱棣，在永乐年间烧制的瓷器以青花、釉里红和白瓷（图 1-17）较为突出。传世的永乐时期瓷器，除了标有"永乐年制"款识的器物外，其余瓷器只能大致推断为永乐年间所制。这一时期的青花瓷器的烧制出现了一个新的高峰，永乐年间的青花瓷胎体细腻洁白，清华色泽浓艳，同时，明代对外交流的发展，也带回了一些独特的钴矿石，这些颜料让永乐年间的青花瓷器出现黑铁斑点和色泽艳丽的青蓝色。

永乐瓷器多为梅瓶、玉壶春瓶、执壶、盘、碗、罐等，在纹饰方面，改变了元青花多层次繁密的构图，而大量采用留白，纹饰依旧以花卉纹为主，此外还有缠枝纹、焦叶纹、回纹、花鸟纹等。

永乐年间除青花瓷外，还有甜白瓷，甜白瓷因其器型中高岭土使用的增多，胎质更为细腻，少杂质，器型给人以"甜"白之感，或可理解为大量留白，适合填白成为彩瓷。

甜白瓷多使用花卉纹和龙凤纹，甜白瓷的出现是永乐年间白瓷制作的一个划时代的进步，此外，永乐年间还有各色的釉瓷，包括红釉、影青、酱釉等。

特别需要说明的是，永乐年间的瓷器部分有款识，款识多为"永乐年制"四个字篆书，有款识的瓷器多集中在甜白瓷。

图 1-17 甜白釉划花缠枝莲纹梅瓶 明永乐 现藏于北京故宫博物院

### （4）宣德瓷器

从 1426 年 -1435 年明宣德年间，是瓷器烧制发展较快的时间。在宣德年间，主要烧制红釉、釉里红、甜白釉和仿官窑哥窑的瓷器，数量巨大。在釉下彩方面，青花瓷使用进口的苏泥勃青，色彩浓厚，还有大量的釉里红瓷器。釉上彩方面，出现了单纯的釉上红彩和五彩，以及釉上彩和釉下彩结合的青花红彩、青花五彩等，在施釉和烧制上都有较大的进步。

宣德年制瓷器多在器物上写有"大明宣德年制"或"宣德年制"等字样，青花的蓝色使用两种颜料，一种为进口苏泥勃青，另一种为国产兰颜料，两种青花瓷在色泽上是有所区别的。宣德年间所制瓷器器型多以碗、瓶、执壶罐等为主，纹饰多施莲纹、缠枝花纹、宝相花、龙纹、动物纹、人物故事图、岁寒三友图等。

除了青花瓷外，还有釉里红瓷器、蓝釉瓷器（图 1-18）、白瓷、仿官窑和龙泉窑的瓷器类型。

图 1-18　祭蓝釉白花鱼莲纹盘

### （5）成化瓷器

在《明史·食货志》里写道："成化间，遣中官之浮梁景德镇，烧造御用瓷器，最多且久，费不赀。"另有记道讲"工匠来四方，器成天下走"，"昼间白烟掩空，夜间红焰烧天。"来形容景德镇烧制瓷器的情况。

成化朝的瓷器，以斗彩最为著名，其中的青花和颜色釉瓷，属于明代瓷器的珍品，在清代，有大量仿名成化斗彩的瓷器出现。

斗彩又称逗彩，是中国传统制瓷工艺的珍品，创烧于明朝宣德年间，明成化时期斗彩发展到了最高峰，艺术成就最高。斗彩作为釉下青花和釉上彩结合的一种形式，其制作工艺也相对复杂，斗彩是预先在 1300 摄氏度高温下烧成的釉下青花瓷器上，用矿物颜料进行二次施彩，填补青花图案留下的空白和涂染青花轮廓线内的空间，然后再次入小窑经过 800 摄氏度左右低温烘烤而成，釉上彩和釉下彩的结合并不是最早出现在成化年间，但是成化斗彩是将三、四种甚至六种釉上彩同时进行绘制，在与釉下青花组合成为一幅美丽的图案。成化年间，除了斗彩外，青花瓷及其他颜色釉彩也相继发展。

斗彩的纹饰图案多为花鸟、花卉、龙凤、海兽等，器型最著名的是明成化年间的鸡缸杯（图 1-19），曾因在拍卖会拍出过上亿天价而名噪一时。

图 1-19　斗彩鸡缸杯 明成化 现存于故宫博物院

### （6）嘉靖瓷器

明代嘉靖年间烧制瓷器数量极大，传世瓷器数量较多，主要是青花、颜色釉、彩瓷等，窑口不仅包括官窑，还有很多代烧官窑瓷器的民窑，也就是所谓的"官古器"。

嘉靖瓷器主要包括了青花瓷、彩瓷、各种颜色釉瓷，在这一时期，民窑也得到了进一步发展。

首先，青花瓷中青色的颜料蓝中泛紫，颜色艳丽浓重，其青料为回青或回青与石子青混合使用，回青我们一般认为是由外国进口或新疆等地进贡来的青料，用回青绘制的青花瓷，色泽艳丽，杂质少，瓷器胎质细白，釉面光亮。

嘉靖时期的瓷器的器型较前代丰富，除了日常用器外，还包括大龙缸、方斗碗、方形多角罐、葫芦瓶和仿青铜器造型的瓷器等，纹饰除了传统花卉纹外（图1-20），还有龙凤、婴戏图、福寿纹饰等。

其他颜色釉包括蓝釉、黄釉、紫金釉、茄皮紫釉等。嘉靖的彩瓷虽然在艺术性上不如宣德五彩和成化斗彩，但是在民窑中彩瓷的多样性上远胜前朝。这一时期出现了包括釉上红绿彩，釉上三彩和五彩、青花五彩和其他颜色釉彩、金彩等。嘉靖、万历时期的五彩以红、淡绿、深绿、黄、褐、紫及釉下蓝色为常见，彩色浓重，其中以红、绿、黄三重为主，尤其是红色特别突出，因而使得这时期的五彩器在总体上有翠浓红艳的感觉，极为华丽。

在款识方面，官窑主要在瓷器上写"大明嘉靖年制"楷书，民窑瓷器除年号款外还有吉祥语，例如"富贵佳器"、"万福攸同"等，还有制造款识，例如"程设自造"、"陈守钊造"，多是以某某造格式出现。

（7）万历瓷器

万历瓷器和前代烧制瓷器一样，分为官窑和民窑。而且随着资本主义经济在中国的出现，民窑逐渐发展，官窑产量减少，逐渐衰落。在万历初期，万历青花瓷器数量极大，外销瓷数量上涨，青花瓷器形成了一种新的风格，所以万历时期也是瓷器风格转变的时期。

万历年间早期用的依旧是回青颜料，后期回青颜料变少，开始转而使用国内浙江青料，颜色明快鲜艳，但因为使用颜料的改变，所以在颜料的处理方法上有所改进，在改进之后杂质较少。（图1-21）。

万历年间瓷器主要以日常用器型为主，包括碗、盘、杯、碟、炉等，另外也有各式文房用具如笔管、瓷砚、水注、镇纸、棋子、棋盘、棋罐等瓷器传世，纹饰以龙凤、福寿、花卉、婴戏图为主，万历时期的青花瓷工艺水平较高，使用颜料用色淡雅，给人以优雅的感觉。

除了青花瓷外，万历年间还出产了一定数量的蓝釉、黄釉、甜白釉、仿哥釉等，还有一部分的彩瓷。在款识方面多书写"大明万历年制"的楷书，多为官窑出产，还有的使用吉祥文字，例如"福寿康宁"、"万福攸同"等。

图1-20 青花花鸟纹瓶 明嘉靖 现藏于故宫博物院

图1-21 青花龙穿花纹梅瓶 明万历 现藏于故宫博物院

（八）清代陶瓷

清代的传世瓷器从数量和艺术价值来看无疑首推康熙、雍正、乾隆三朝，清代进入康熙以来，社会稳定，生产力提高，人民生活水平有了较大改善。康乾期间，帝王对艺术品较为热爱，宫廷供应瓷器需求加大，对陶瓷器艺术的追求提高，另外，因对外联系加强，外销瓷数量需求大，外来陶瓷烧制技术也随着对外文化交流传播进来，这无疑对这一时期陶瓷业的发展具有重大意义。

到了嘉庆之后，社会经济衰退，官窑和民窑生产的瓷器水平下降，但是景德镇还是清代瓷器的生产中心，承担着大部分为宫廷烧制瓷器的任务，依旧是名副其实的瓷都，这时期传世的瓷器中我们可以看到，出现了很多前代没有的新品种，也复兴了明后期的铜红釉瓷器的烧制，此外，颜色釉的烧制数量增加，粉彩成为彩瓷的主流，康熙后期对外交流又带来新的瓷器品种–珐琅彩，这些都是这一时期瓷器发展的新特征。

下面我们主要介绍康熙、雍正、乾隆三朝烧制瓷器的情况。

1. 康熙瓷器

（1）康熙颜色釉瓷器

清顺治朝历时十八年，社会动荡，百废待兴，政局尚未完全安定下来，不可能全面恢复大规模生产，所以景德镇瓷业一度萧条，产量很少。陶瓷制造时停时产，所以官窑瓷器并不多见，而民间则开始全面恢复大规模生产。此间，御窑厂施行"官搭民烧"制度。"官搭民烧"不仅为陶瓷生产找到了新路子，同时也为后期康熙瓷器的繁荣与蓬勃发展打下了坚实的基础。

康熙朝经济贸易发达，康熙十九年景德镇恢复御窑厂，青花瓷器取得了突出成就，此外，康熙朝景德镇除了烧制青花瓷外，还有大量的颜色釉、彩瓷的烧制并不是官窑生产的重点，颜色釉比较著名的郎窑红、豇豆红（图1-22）、天蓝釉、蛇皮绿、鳝鱼黄等，可以说清康熙朝初期是官窑瓷器的恢复和发展时期。

我们简单介绍一下颜色釉。

图 1-22 豇豆红釉莱菔瓶 清康熙 现藏于故宫博物院

郎窑红是一种颜色猩红，色泽鲜艳，釉面透亮的釉色，在康熙朝烧制较多，这是发展了明中期的铜红釉技术，造型主要以瓶、碗、盘居多，郎窑红陶瓷器在康熙朝属于珍品，民国时期经常被仿制。

豇豆红是与郎窑红齐名的一种高温的铜红釉，颜色呈现一种淡粉红色，器物内部多白釉，器型外壁施铜红釉，烧制难度较大，多为小器型。

蓝釉，是使用钴当显色剂进行着色的颜色釉，在明代也有出产，烧制难度大，多小器型。

康熙黄釉多使用铁作为着色剂，黄釉多为宫廷中身份高贵的女性所使用，后世模仿康熙黄釉较多，多小器型。

康熙绿釉是以铜为着色剂的低温釉，在明代已有烧制，在清康熙出现了瓜皮绿和孔雀绿几种绿色，多是盘、碗、盒等器型。

除了以上的几种颜色釉外，康熙朝还有青釉、白釉、紫金釉、洒蓝等等，康熙朝在颜色釉制作水平较高。

（2）康熙釉下彩

康熙青花以胎釉精细，青花鲜艳，造型古朴多样，纹饰优美而负盛名，其中康熙中期青花瓷器最为突出。

康熙釉下彩包括青花、釉里红、青花釉里红、釉下三彩等。康熙朝的青料以浙料为主，青色十分显眼，有浓翠之感，青花浓淡有层次感。在康熙朝传世瓷器中多是日常用器物和文房用具，器型多为仿制明宣德、成化、嘉靖的造型，纹饰多以主流花卉纹、龙凤纹、吉祥纹饰为主。康熙时期，青花瓷在民窑的发展较大，出现了一批民窑青花瓷器、釉里红瓷器和青花釉里红瓷器，器型大，造型精美，纹样多样，可见清代时期，釉下彩瓷已经成为各阶层使用和对外出口的主流。

康熙时期的釉下彩出现了新的品种，即釉下三彩，此外，还形成了豆青地青花、豆青釉里红等混合的釉下彩新样式。

（3）康熙釉上彩

康熙釉上彩主要包括五彩、斗彩和粉彩三种。釉上彩从宋代彩瓷出现以来，到元代已经形成较为成熟的釉上彩烧制技术，到了清康熙年间，在景德镇开始烧制新的釉上彩，釉上五彩（图1-23）发展了明代的青花五彩，使用釉上蓝彩代替釉下青花，五彩并不仅仅是由五种颜色组成，经常使用的颜色釉包括红、绿、蓝、黑、金、黄等颜色。

康熙官窑烧制的五彩瓷也多以小型器物为主，器型多为日常用器物，纹饰以龙凤、花卉、吉祥纹为主，民窑烧制的五彩瓷多以日常用器和文房用具为主，纹饰更加丰富多样，除了传统纹饰外，还包括历史故事题材、仕女图等。

（4）康熙斗彩

斗彩是一种釉下青花和釉上彩相结合的一种彩瓷，康熙斗彩以官窑小型器居多，在纹饰和器型上种类较少，多是仿明成化年间和雍正年间的器型，官窑产斗彩多有"大清康熙年制"，民窑一般无款识。

图1-23 五彩山水人物瓶 清康熙 现藏于故宫博物院

2. 雍正瓷器

清雍正时期经济发展，社会安定，政府财力雄厚，国内外市场活跃，制瓷工艺突飞猛进，雍正时期在继承康熙朝制瓷工艺的基础上，又有了许多创新、变化和提高，不仅品种多、题材广泛、造型多样，而且原料的选择和加工也比以前更讲究。青花瓷在雍正时期尽管不是官窑的主流产品，但其质量之精美，花色品种之丰富，艺术水准之高超，都是清代其他各朝所无法比拟的。雍正时期的青花瓷，无论造型和装饰，都可以用一个"秀"字来概括，与康熙青花挺拔、遒劲的风格迥然不同，而是代之以柔媚、隽秀的风格。

雍正青花胎体细腻，洁白精致，重量较轻，釉面光亮莹润，玻璃质感强，纯净无暇，白中闪青花，带有明代风格（图1-24）。

图1-24 清雍正 青花云鹤九桃纹盘 现藏于故宫博物院

雍正青花的青料上采用我国浙江产的上等青料，从青色上看可分两种：一种是色泽幽静匀润，颜色较柔和淡雅，也有少部分是仿明成化的淡描青花或仿明青花的蓝中泛紫，淡描青花经常出现在一些小件器上，用笔纤细，淡雅宜人。另一种青花颜色浓重艳丽，青色呈深蓝，釉中有小气泡，釉面有皮纹，系仿明代永乐、宣德青花苏泥勃青料风格，是由于用国产料代替进口料加以绘制，只能采取人工浓色堆点的方法，比前代显得死板一些。清代雍正年间除了传统的白地青花外，还有青花胭脂红、豆青地青花、外豆青里青花、青花釉里红、蓝地白花、青花红彩、青花加紫、黄地青花、哥釉青花等品种。其中青花釉里红烧制居多，尤为精美。在造型上，雍正青花在造型上既有继承也有发展，形成高雅而朴实的艺术风格。

（1）雍正彩瓷

粉彩始创于康熙，盛与雍正。雍正粉彩在造型、胎釉、纹饰上面都有空前的发展。五彩因使用"玻璃白"打底，所以颜色极为鲜艳，"玻璃白"是一种有毒元素"砷"，氧化砷具有乳浊效果，使得器物表面纹饰具有凹凸的立体感，此外，在绘制图案时，也多抛弃前代的单线平涂变为渲染法，多用于衣服、花卉上，使纹饰出现浓淡的效果。

粉彩的烧制温度较低，被赋予"软彩"之名。雍正粉彩胎釉细腻，胎质洁白透明，使用颜色鲜艳的

"洋彩"绘制花纹，具有浓淡明暗变化，颇具淡雅柔丽之感，因其原材料名贵，雍正粉彩多作为皇家和上层阶级的生活用具出现，器型多为碗、盘、杯、瓶等。

雍正粉彩纹饰多以花卉纹，包括月季、海棠等为主，缠枝花纹少，人物图较多（图1-25），吉祥纹饰如蝙蝠、寿桃等纹饰较多，雍正彩瓷款识多在器底部书"大清雍正年制"楷书。

此外，雍正彩瓷还包括雍正五彩和斗彩，器型多以仿明成化、嘉靖时期为主。这时期斗彩出现新变化，出现了釉下青花和釉上粉彩相结合的新样式。

雍正时期也发展了康熙时期的珐琅彩，将珐琅彩瓷器与诗书画结合到一起，胎质洁白，珐琅彩颜料开始由纯进口转为从国内寻找自制颜料，多在景德镇烧制白瓷，然后统一运往北京完成彩绘和二次烧造。

图1-25 粉彩人鹿纹瓶 清雍正 现藏于故宫博物院

3. 乾隆瓷器

乾隆时期，为清代瓷器制作的鼎盛期。乾隆粉彩大件器物有个特征，即器物口部及底部都施松石绿釉。松石绿釉浅淡光润，釉面犹如粥皮，由于是一种低温彩釉，釉面常常带有细小的纹片。这一特点乾隆时首先出现后，一直延用到晚清。乾隆官窑粉彩的纹饰一般是"大内"送来的图样，主题纹饰按不同时节都有严格规定。除以粉彩绘画为主，还常加绘料彩、金彩或黑彩，或与青花、五彩、斗彩并施于一器，这种在一件器物上施多种彩或同时以各种彩绘工艺制作的乾隆粉彩，表现出乾隆朝上层社会沉迷于享乐的作风，极尽奢华富有的风气，体现在陶瓷上就多是锦上添花、大黄大绿之作，在陶瓷制作工艺上可说是集多种陶瓷工艺成就于一身，充分反映了乾隆朝制瓷工艺的精湛、富贵气息浓郁，少静雅之作。

乾隆时期也有部分单色釉，包括红釉、青釉、蓝釉等，以及仿官窑、汝窑、哥窑的作品，还有延续雍正朝特色的青花作品，但是艺术造诣最高的还是釉上彩，包括粉彩、斗彩、珐琅彩杂釉彩瓷等。

乾隆粉彩是乾隆朝彩瓷的主流，在官窑和民窑都有大量烧造，除白地外，还有豆青地、红地、黄地、蓝地等等风格，在器物类型上多日常用器和文房器具，纹饰图案分为两大类，主要是模仿前代雍正时期的花卉、人物山水画（图1-26）等，另一种是极具富贵气息的重色浓彩的绿地、红地的粉彩瓷。

图1-26 绿地粉彩婴戏双螭耳撇口瓶 清乾隆 现藏于故宫博物院

在款识上，多书"大清乾隆年制"篆书，或"乾隆年制"篆书。

乾隆斗彩和珐琅彩延续雍正朝传统，斗彩多为官窑制作的，釉下青花和釉上五彩相结合，在器型上多以盘、碗、瓶、罐等实用器居多，纹饰多为花卉纹、龙凤纹、吉祥纹饰，多在器底书"大清乾隆年制"篆书。珐琅彩多是在景德镇烧制好白瓷，然后在北京彩绘和二次烧制而成，以白地彩绘为主，多花卉、山水等题材纹饰，乾隆后期偏爱景泰蓝瓷器，瓷胎珐琅器逐渐不受重视。

康熙、雍正、乾隆三朝后，随着国力衰微，瓷器发展开始停滞不前甚至开始倒退，清代自嘉庆朝起，大清王朝的综合国力明显下降。为了节省开支，朝廷已不再向御窑厂派专司其事的督陶官，而改由地方官兼管。此时御窑场的规模、瓷器品种和数量上大为缩减，瓷器生产只能沿袭旧制，没有力量进行创新，许多成本高的瓷器也不再烧造。嘉庆早期青花瓷器大多仍延续乾隆朝的风格，制瓷工艺还保持较高的水平。到嘉庆后期，青花瓷以日用瓷、粗瓷为主，陈设瓷逐渐减少。无论从瓷器的质量还是艺术水准来看，都远不如乾隆时期。

从故宫收藏的嘉庆瓷器情况来看，陶瓷胎体比较厚重，胎质疏松，胎釉结合不紧密，波浪釉、菊皮釉明显；釉面白度变灰，坚硬性减小。康雍乾时期很多名贵品种消失，黄地、黄地粉彩器物增多。一些青花的颜色由青翠变为灰暗，仿汝、钧、官、哥等五大名窑的釉色虽仍烧造，但质量大不如前，烧造数量与规模也不能与前世相提并论；在装饰方面，吉祥图案增加，其他纹饰题材少，烧瓷技艺减退，款识趋于简单。

清代道光时期，国外陶瓷市场已经消失。鸦片战争后，国力衰微。道光皇帝素以俭朴著称，限制瓷器烧造，控制费用，有时入不敷出，无法支付御窑厂的正常开支，所以产量非常低，精品更是难得一见。道光青花以鸦片战争为界，可分为前后两期。前期生产量较大，质量也较高；后期生产量较小，质量较差。

咸丰时期因太平天国运动的兴起，国力更加衰落，瓷器生产较少，少有传世之作，同治时期，景德镇陶瓷器之作水平粗糙，虽恢复生产，但精品寥寥无几。清光绪之后，由于帝国主义的入侵，这一时期多开始制作仿古瓷器用以买卖。官绔时期仿古瓷产量增加，多开始采用机器化生产，康雍乾三朝辉煌的制瓷业不复存在。

## 二、瓷器修复

最早的陶瓷修复见于《景德镇陶录·陶说杂编上·卷八》中收录了的关于陶瓷粘接的方法："粘碗盏法用未蒸熟面筋入筛净细，石灰少许，杵数百下，忽化开加水，以之粘定，缚牢阴干自不脱，胜于钉铝，但不可水内久浸，又凡瓷器破损，或用糯米粥和鸡子青，研极胶粘入，粉少许，再研以粘瓷损处，亦固"。在《陶说杂编下·卷九》中亦有记录："粘官窑器皿法，用鸡子清匀掺石灰捉清，另放以青竹烧取竹对停，熬和成膏，粘官瓷破处，用绳缚紧放汤内煮一二沸，置阴处三五日去绳索，其牢固异常且无损痕""定窑器皿有破损者，可用楮树汁浓涂破处扎缚十分紧，俟阴干永不解"（图2-1）。

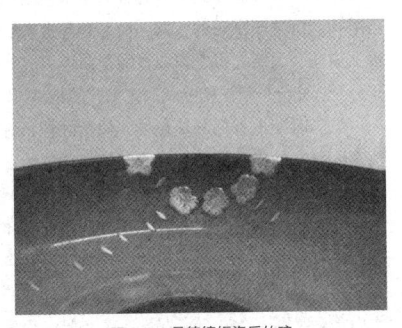

图2-1 景德镇钜瓷后的碗

但是早期陶器修复使用粘合的办法，使得修复后的瓷器并不牢靠，随之产生了最早的锔瓷。"锔瓷"是中国的一项传统补瓷工艺，共24样72种136道工序，在中国，瓷器不仅仅意味着器皿，还寄托着情感。如果珍视的瓷器被打碎，怀着"惜物聚福、勤俭持家"的传统，希望把打碎的瓷器重新粘合起来，就诞生了锔瓷人这一古老的职业。锔瓷历史悠久，在宋代的《清明上河图》中就可见他们的钜瓷工匠的身影。

锔瓷匠人用金刚钻在破损的两边打孔，在用制成的"钜钉"打入小孔，最后在钜钉部位涂上特质的白色灰膏，这也是"没有金刚钻，不揽瓷器活"的由来了。

民国时期的钜瓷匠人

随后,进入民国时期,钜瓷已经不能满足人们的需要,古董商为了修复瓷器开始使用化学原料进行修复,现代陶瓷修复技术是在粘合剂出现之后发展起来的,比如环氧树脂等材料,所以我们可以把这两种修复分为传统修复和现代科技修复技术。

**(一)陶瓷修复分类和原则**

在修复方法上,主要分为传统修复和科技修复,现当代使用陶瓷修复技术比较多的三种类型,分别是考古修复,主要修复在考古中发掘出的破损瓷器;第二种为展览修复,是对考古修复后的进一步修复,以方便作为展览品展示给观众,这种方法主要在文博单位使用;第三种是商业修复,商业修复中的瓷器要求做到修旧如新,尽量还原破损前的陶瓷器。

传统修复在修复器型完整的同时,比较重视美观性,使用的钜钉可做成花卉或者钜成一定的图案,而考古修复和展览修复中的陶瓷器的修复原则是以"修旧如旧"作为最基本也是最重要的原则,残缺部位的补缺应以原器型为准,无依据的宁缺毋滥,不能主观臆造,在展览修复中,为了区别残缺部位,经常使用白色石膏补在缺损部位,以便做出明显区别。

**(二)陶瓷修复的主要材料**

陶瓷修复的材料包括陶瓷修复的工具材料和常用材料两部分,修复常用工具包括:

玻璃瓶(滴管瓶):主要盛装各种矿物颜料、涂料以及制作各种化学试剂,使用玻璃器皿主要作用是防腐蚀。

橡皮碗:盛装石膏。

各类刀具:不锈钢工具刀、手术刀等用于雕刻石膏模型;牛角刀用牛角片制成,用于调配粘合剂、色彩、刮腻子等;雕塑刀用于泥制胎坯造型。

笔刷:羊毫笔、狼毫笔、描笔、排笔、铅笔、鬃刷、尼龙刷等,用于做釉、做旧、小规模清洁等。

此外还有加热器、各种机械钻、打磨机、砂纸、锤子、钳子等。

古陶瓷修复材料的第二类是常用材料,包括清洗材料、加固材料、粘结材料、补缺材料、作色材料和上光材料。

清洗材料主要包括两种,一种是化学清洗,一种是物理清洗,我们先说化学清洗方式,化学清洗主要使用水、无机清洗剂、有机清洗剂。水是最常用的清洗剂,可以清除掉表面的泥土和灰尘,无机清洗剂主要是盐酸、硫酸、草酸、各种碱类清洗剂等,无机清洗剂主要针对陶瓷器表面附着物情况选择酸碱及浓淡程度,一定要注意稀释。有机溶剂清洗剂主要包括酒精、各种有机酸及家庭清洗剂。

物理清洗方式主要使用机械工具，比如各类刷子、刀具、打磨机、超声波清洗器等除掉表面附着物。

加固材料主要是丙烯酸酯类加固剂，操作简单，可逆性高，抗老化性能好。

粘结材料最早使用骨胶、松香、糯米胶、天然橡胶、桃胶等，这类属于有机粘合剂，还有一类无机粘合剂主要是各类化学材料，包括聚醋酸乙烯酯，也被称为乳胶，此外还有热熔胶、502胶、AAA超能胶等。

补缺材料，在陶瓷大面积缺损时，多使用石膏修复，或者为了美观，可使用旧瓷片补缺，或者环氧树脂等化学材料补缺。

作色材料主要以天然矿物颜料为主，多使用各类笔刷上色。

上光材料根据器物本身光亮程度选择各种仿釉面的涂料。

（三）古陶瓷修复步骤

在古陶瓷器进行修复前，第一步先对陶瓷器的破损情况进行分析，针对破损的具体原因及修复后陶瓷的用途确定修复方案，这一步就相当于给生病了的陶瓷器做"诊断"。

常见的陶瓷器修复前的问题包括在陶瓷烧造过程中出现的斑点、露釉、窑裂、变形等问题，在古陶瓷器中，多有缺失、磕伤、磨蚀、脱彩、磨足、炸裂等问题。

在确定陶瓷的问题后，制定修复的方案，然后按照方案进行修复。

1. 清洗

陶瓷器的修复步骤主要包括清洗、拼接、粘结、补缺、作色等。修复前必须进行清洗，清洗方式主要包括干洗和湿洗两种，对于质地疏松、破损较严重的、夹砂的陶器，适宜采用干洗的方式，在干洗时，可以使用酒精对器物表面进行擦拭，动作要轻，然后使用物理小工具，如牛角刀、小镊子等将附着物剔除。湿洗主要使用水和有机清洗剂或无机清洗剂进行清洗，主要针对胎质较硬，不易腐蚀的瓷器和硬陶器等，在清洗结束后，破损的部位要干净，这样才有利于进行下一步的拼接，如果清洗没做好，在拼接时就容易出现错位。

在我们进行清洗时，首选物理清洗方式，即干洗，如果遇到实在无法清理的附着物，才会考虑化学清洗方法，这是为了免除对陶瓷器的二次破坏。

2. 拼接

拼接方法主要有三种，包括从上至下拼接、从下至上拼接、局部拼接，整体合拢。这主要根据陶瓷器的破损程度来选择，在考古中发现的陶瓷器，因年代久远，破损严重，往往需要经过几天甚至几十天的时间进行拼接。

3. 粘结

在选择粘结剂的时候，我们有时候会发现，有部分瓷器曾有过修复记录，器物破损表面会有粘合剂，在这个时候，我们首先需要先对表已有的粘合剂进行分离。在我们近些年的陶瓷器修复中，粘合剂的选择需要更注重是否可溶、可解、可逆，这样在二次修复的时候，更有利于保护文物的安全。

我们常用的粘合剂主要是有机粘合剂和无机粘合剂两种，有机粘合剂对文物来说的相对更安全，但是粘合的并不牢靠，包括骨胶、糯米胶等，无机粘合剂稳固性较高，但是需要考虑是否可逆和安全性问题。在使用粘合剂时，须均匀涂抹于器物的拼接处，可自然固化或使用电吹风、酒精灯加热等方法加热加速固化。

4. 补缺

补缺主要看需要修复的陶瓷器是作为考古需要，展览需要还是商业需要进行修复，不同目的在补缺的时候呈现的方式和原则不同。考古和展览多遵循"修旧如旧"的原则，可以使用石膏进行补缺，这样补缺的位置和原器物可以存在明显区别，或者在石膏中加入显色剂，调至和器物本体颜色一致，以增加展示和收藏价值，商业修复更多的是遵循"修旧如新"，做到和原物一致。

5. 作色

作色对于有彩瓷尤为重要，首先选择与器物颜色相近的颜料，保持风格一致，其次进行色彩的调试，在颜料中加入粘合剂，在试色的过程中，如果发现颜料的颜色失真，要多次进行调整，最后进行上色，可以使用各种笔刷和棉球等进行描绘或轻拍，做出和器物表面纹饰和图案相似的效果。

有些特殊的颜料，比如青花中的"苏泥勃青"，是一种特殊的钴颜料，在修复时需要尤其注意和原颜色保持一致，修复处越小越好，达到最小干预。

6. 上光

最后一步，使用硝基清漆或仿釉涂料，在器物表面做出釉面的效果，光亮的薄厚受本身器物的光泽而定。

（四）陶瓷修复实例

1. 学生作品展示

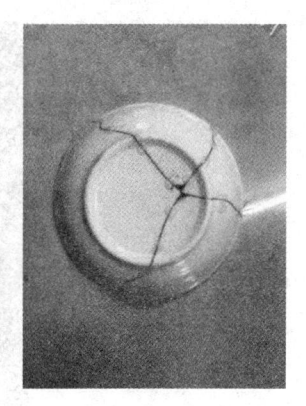

# 第七章　陶瓷标本展示

　　自专业成立起来，本院陆续购买了六十二件陶瓷类文物，从年代上跨度大，涵盖了战国至民国的陶瓷器；从器型上种类多，涵盖了瓶、碗、罐、盆、壶、花觚、摆件等十余种类型；从工艺上种类全，包括了青釉、白釉、青花、五彩、粉彩、矾红彩、茶叶末釉等工艺类型。这些陶瓷器多为各时代具有特色的标准器型，对于在教学过程中更好地为文物修复与保护专业的学生做课堂展示，让学生更全面的了解陶瓷器提供了极大的便利，这也是我们将这批陶瓷标本编制成册的初衷。

【1】

**清代　青花山水楼阁开光方形双耳瓶**
高29厘米　口径5厘米　带盖
　　瓶撇口，束颈，有盖，盖上有瑞兽，呈站姿；瓶身为四面方形，描金，前后两面绘青花山水图，通身绘青花梧桐纹样，两耳饰有金色祥云纹。瓶中山水楼阁图最早取材于唐代诗人王勃《滕王阁序》中"滕王高阁临江渚，佩玉鸣鸾罢歌舞，画栋朝飞南浦云，珠帘暮卷西山雨"而来。其主图，江畔楼阁，远处飞雁行行，近处杨柳依依，间有小桥流水，湖上小岛及白墙青瓦的居民。"正和此瓶绘制图样。

【2】

**明–清　龙泉窑青釉刻画香炉**
高 10 厘米　口径 23 厘米

口沿外折,侈口,短颈,鼓腹,圈口,通体施青釉,均匀晶莹,腹部饰有缠枝花纹,纹样古朴天真,是龙泉窑典型纹样,口沿有残。

龙泉窑属于南方青瓷系统,早在公元三、四世纪,就以浙江东部宁绍地区为中心,形成了早期越窑青瓷体系。入金以后,北方名窑相继衰落,加上水陆交通和海外贸易得到发展,龙泉窑迅速发展。龙泉窑在今浙江省龙泉县境内,属于民间诸窑系里兴起较晚的,在明后期走向衰落,在龙泉窑烧瓷的七八百年历史中,多日常用具,如盘、碗、壶等,装饰方面,多使用刻花、辅之以篦点或篦划纹,此外还有波浪、蕉叶、云纹等,至后期龙泉青瓷的釉色也发生变化,传统的粉青釉逐渐消失,取而代之的为绿色釉。

【3】

**民国　粉彩佛像**
高 18 厘米

粉彩弥勒像,佛像造型宽额高凸,长耳垂肩,慈目低眉,做大笑状,弥勒呈坐姿,一手执念珠,一手执布袋,身披袈裟,袒胸露乳,袈裟以朱砂红和宝蓝色为主,其上绘有缠枝花卉及祥云纹,繁缛亮丽,佛像瓷质光洁细腻,雕工生动精湛,底部可见中空。

【4】

**清代　豆青青花福寿字天球瓶**
高 27 厘米
侈口，细长颈，扁圆腹，圈足。长颈底部饰有带状卷云纹和锁形纹饰，腹部为带状福寿字样。天球瓶是受西亚文化影响极深的一种瓷器造型，始于明代永乐、宣德年间，状若天球，故名天球瓶。

【5】

**清代　青花开光山水图执壶**
高 9.5 厘米　带盖
平口，腹部呈弧线形，底沿内收，流口与瓶盖齐，盖有钮，呈花苞形，有柄；壶身前后各有开光山水图，取山石、柳树、江河及路人入画。壶身四周有青花为底，纹样似裂纹，上有花朵点缀其间，流口及长柄皆有纹饰。

【6】

**清代康熙　青花寿字图碗**
高 8 厘米　口径 16 厘米
　　敞口，折沿，收腹，圈足，造型简洁；通体纹饰，口沿外饰缠枝花纹，碗壁有带状寿字图，下腹部饰有莲花，足部有双弦纹。碗内部口沿处有方格什锦纹，碗底内部有莲花纹样，碗底有"成化年制"款识。

【7】

**民国　浅绛彩人物图像耳瓶**
高 30 厘米
　　口沿部分残，短颈，鼓腹，有象鼻形双耳，瓶身正面有人物图，共五人，一童子，一老翁及三青年，人物具有宋代文人画风格；正面短颈处有"同游赤壁"字样，瓶身背后有红彩两字，并有题诗及落款。
　　浅绛彩为清后期浅绛彩类，为釉上彩一种，因制作方便，而艺术价值不减在晚清盛行，浅绛彩瓷器直接将淡矾红、水绿等彩色直接画上瓷胎，摸上去凸出感不强，从磨损程度而言，浅绛彩更易受磨损，往往脱彩严重，人物或者花鸟都到了看不清的地步，民国后期民间市场逐渐被新粉彩替代。

【8】

**清代康熙　五彩花鸟图盘**
口径 36 厘米
盘撇口，弧壁，平底，外底圈足。器内五彩花鸟图，绘有山石、锦鸡、牡丹纹样。
五彩为明清时期景德镇窑的新品种，由宋元釉上加彩的基础上发展而来，清代五彩以康熙朝最负盛名，此器型所绘花鸟鱼虫逼真生动，有中国画的渲染法和没骨法的效果，其精者达到了"花有毛"的程度。此盘胎薄体轻，胎质较洁白，釉质莹润，施彩艳丽，构图清新雅致，画面疏朗而有意趣。

【9】

**清代　豆青折腰盘**
口径　17 厘米
盘撇口，折腰，平底，圈足；盘体为豆青色釉，没有纹饰，盘底部有"大清道光年制"款识。器形完整，颜色淡雅，造型端庄。

【10】

**清代 青花"岁寒三友"图案带扁瓶**
高 18 厘米

小口,短颈,鼓腹,高足,扁瓶,四系(四耳)。瓶身饰有"岁寒三友"图案带,包括竹、梅和石,以及其他花纹。器型具有典型的民族特色,与游牧民族皮囊壶类似,花纹又具有典型文人画特色。

岁寒三友纹是中国传统寓意图案,多以象征常青不老的松、象征君子之道的竹和象征冰肌玉骨的梅组成表达清高坚贞气节的松竹梅纹,因这三种植物都以不畏严冬著称,故名岁寒三友,又称三友图。此外,亦见以梅、竹、石或柏、竹、梅组成的岁寒三友纹饰。

【11】

**清代 青花牡丹纹大盘**
口径 36 厘米

折沿,弧壁,圈足。盘心及内壁皆绘缠枝牡丹,外壁有单支牡丹枝干花纹,青花色泽浓翠,釉色白中泛青,器物线条优美。

青花瓷属釉下彩瓷。青花瓷是用含氧化钴的钴矿为原料,在陶瓷坯体上描绘纹饰,再罩上一层透明釉,经高温还原焰一次烧成。钴料烧成后呈蓝色,具有着色力强、发色鲜艳、烧成率高、呈色稳定的特点。青花瓷在清康熙时发展到了顶峰。明清时期,还创烧了青花五彩、孔雀绿釉青花、豆青釉青花、青花红彩、黄地青花、哥釉青花等衍生品种。

161

【12】

**清代 青花松竹梅图罐**

高 19 厘米　口径 8.5 厘米

口残，盖缺失，　短颈，鼓腹，浅圈足。罐身绘有松、竹、梅纹样，青花蓝中泛灰，纹样交错其间，具有较强的生活趣味。

【13-14】

**清代 青花喜字纹双耳瓶**

高 43 厘米　口径 17.5 厘米

此为对瓶，侈口，长颈，鼓腹，平底，双耳，平口、平底均有残。口沿饰有云雷纹，颈部及腹部有带状缠枝花纹，腹底部有蕉叶纹，腹部及颈部有带状喜字纹，蕉叶纹着色不均匀。

【15】

#### 清代　矾红彩"福寿三多"纹碗
高 7 厘米

碗口外撇，弧壁，深腹，圈足。碗壁饰有"福寿三多"纹样，碗底部有"恒盛堂制"款识。

福寿三多是瓷器装饰中的吉祥图案，典故源于《庄子·外篇·天地》：尧观于华封，华封人祝曰："使圣人寿，使圣人福，使圣人多男子。"民间后以佛手柑与福字谐音而寓意"福"，以桃子多寿而谐意"寿"，以石榴多子而谐意"多男子"，称为"福寿三多"、"华封三祝"或"多福多寿多男子"，表现多福多寿多子的颂祷。

巩红的成分是氧化铁，故前人称其为"铁红"，是我国传统红彩，始见于宋瓷。

【16】

#### 清代　粉彩折枝牡丹纹碗
高 7 厘米

碗口外撇，弧壁，深腹，圈足。碗壁一侧有折枝牡丹图，另一侧有"品富贵图"字样，碗底有朱红色"大清道光年制"字样。

粉彩瓷器是在清康熙五彩基础上，受珐琅彩制作工艺影响而创制的一种釉上彩新品种。始于康熙时期，雍正时期，粉彩中多用玻璃白打底，使用中国传统绘画中的没骨画法渲染，烧制温度较低，色彩较五彩更为绚烂柔丽。

【17】

**清代 粉彩花卉纹斗笠碗**

高 7 厘米　口径 18 厘米

碗撇口，收腹，高圈足，碗壁有锦鸡、花卉、山石等纹样，色泽鲜艳，碗内部口沿处有方格什锦纹，玩底部有桃形纹饰。碗壁有冲线。

【18】

**民国 粉彩人物纹提梁壶**

高 16.5 厘米

折口，束颈，宽肩，腹部平直，平底，流口与颈部齐，有提梁。腹部绘有文人画风格人物图，有男子一，童子一，松、石，花草若干，壶背面书"桐陰训子""癸丑春月潄绿轩作"字样。

壶流口处有残。

【19】

**民国　水彩山水人物提梁壶**

高 17.5 厘米

折口，束颈，宽肩，腹部平直，平底，流口与颈部齐，提梁缺失，盖缺失。壶身正面作山水人物图样，壶身背面有"团结、互助、增产、节约"字样。

【20】

**清代　青花人物八角壶**

高 11 厘米

直口，短颈，鼓腹，腹部呈八角形，有盖，流口与口沿齐，有柄。壶身中央有两妇女对坐，壶身有缠枝纹样，壶盖上有花卉纹和舞动的童子纹样。壶身有明显裂纹，壶底部残，流口有残。

【21】

**金代　磁州窑白釉花口盘**
高 3.5 厘米　口径 17 厘米
盘撇口、弧壁、平底、圈足，口沿呈花口状。通体无装饰性纹样，盘口有磕。

磁州窑是中国古代北方最大的一个民窑体系，也是著名的民间瓷窑，素有"南有景德，北有彭城"之说，窑址在今河北省邯郸市峰峰矿区的彭城镇和磁县的观台镇一带，磁县宋代属磁州，故名。

磁州窑始于五代至北宋初期，并逐步达到鼎盛，元明清仍有延续，以生产白釉黑彩瓷器著称，它的产品多是日常生活必需的盘、碗、罐、瓶、盆、盒之类的用具，线条流利、自由奔放，表现出民间艺术所共有的豪放朴实的风格。

【22】

**唐代　井陉窑白釉碗**
高 4.2 厘米　口径 13 厘米
碗撇口、弧壁、深腹、圈足，通身无纹饰，口沿处有残。

井陉窑遗址位于河北省井陉县中北部和井陉矿区，是一处分布面广、烧造时间长、文化内涵丰富的古窑址群。井陉窑历时七百年，始于唐终于元，宋、金时期是其兴盛时期，在其烧造历史中，均以烧制白瓷为主，绛釉、黑褐釉、黑釉瓷次之，也见有少量的天目釉、绿釉、黄釉器。白釉无论时代早晚，细瓷均为纯白，中粗瓷则白中泛青，到晚期（元代）则呈浅豆青色，瓷器品种多以盘、碗为主，另也有瓷枕、罐等 20 多个品种。

【23】

**汉　灰陶双耳鼎**

高 15 厘米　口径 19.5 厘米

泥质灰陶。微敛口，鼓腹，平底，三兽形蹄足，口沿上双附耳，耳上绘倒 U 形纹，半球形盖，单耳残；盖上饰黄色旋涡纹，鼎身有带状横纹。

鼎多为古代烹煮用器物，一般为三足两耳，多用于祭祀或墓葬。

【24】

**金代　红绿彩花卉纹碗**

高 7.5 厘米　口径 18.5 厘米

碗撇口，弧壁，深腹，圈足。碗外壁无纹饰，内壁白底，饰红绿彩花卉纹，碗壁有带状横纹和波点，碗底饰花卉纹样。

红彩多为矾红彩，多用氧化铁作为着色剂，为釉上彩；我国传统釉上绿彩系从铜绿铅釉发展而成，多以铜为主要着色元素。

【25】

**唐代　白釉碗**

高 4 厘米　口径 13.5 厘米

碗撇口，弧壁，深腹，圈足，通身无装饰。碗底残，碗壁有黄色污迹，碗壁有裂后修复痕迹。

【26】

**金代　定窑白釉划花双鱼纹盘**

高 2.2 厘米　口径 15.2 厘米

盘撇口，弧壁，平底。盘外壁无装饰，内壁盘底有划花双鱼纹，两条鱼儿在水中肆意遨游，活灵活现。盘有残，绿色为修复部分。

定窑在今河北省保定市曲阳县的涧磁村及东燕川村、西燕川村一带，因该地区唐宋时期属定州管辖，故名定窑。定窑始于唐，极盛于北宋及金，终于元，以产白瓷著称，兼烧黑釉、酱釉和绿釉瓷，文献分别称其为"黑定"、"紫定"和"绿定"。

【27】

**金代　耀州窑印花缠枝菊纹碗**

高 5.5 厘米　口径 12.5 厘米

碗撇口，弧壁，深腹，圈足，碗口残，绿色为修复部分。碗外壁无装饰，内壁为环状缠枝花纹，碗底有菊花纹样。

耀州窑窑址位于今陕西省铜川市的黄堡镇，唐宋时属耀州治，故名，为宋代八大窑系之一。耀州窑在唐代开始烧制黑釉、白釉、青釉、茶叶末釉和白釉绿彩、褐彩、黑彩以及三彩陶器等，宋、金以青瓷为主。北宋是耀州的鼎盛时期，据记载且为朝廷烧造"贡瓷"。金代延续北宋时期继续发展，元代开始转型，走向末落，经明代、清代，终于民国。器形有碗、盘、瓶、罐、壶、香炉、香熏、盏托、注子温碗、钵等。

【28】

**辽代　黄釉碗**

高 5.8 厘米　口径 16.5 厘米

碗撇口，弧壁，深腹，圈足。碗壁上部为黄釉，下半部为原色，碗内壁施黄釉，碗底、口沿处有微残。

【29】

**元　黑釉兔毫纹碗**

高 8.8 厘米　口径 17 厘米

碗敞口，弧壁，深腹，圈足。黑釉表面呈兔毫纹，碗底为原色未上釉，器型完整。

【30】

**唐代　邢窑黑釉双系罐**

高 12.3 厘米　口径 12.5 厘米

敞口圆唇，鼓腹，肩颈部有对称的双系，器型上半部施釉，釉色光润均匀。上半部未施釉，通身无花纹，口沿处有微残。

邢窑窑址位于河北邢台市所辖的内丘县和临城县祁村一带，因内丘在隋唐时期隶属邢州管辖而得名，邢窑在唐代与南方的越窑并称，被称作"南青北白"。历史上有陆羽《茶经》这样评价："邢瓷类银，越瓷类玉"，"邢瓷类雪，越瓷类冰"等记载，除白瓷外，邢窑遗址还出土了青瓷、黑瓷、酱瓷、三彩等，器物类型主要有有盘、碗、杯、托子、瓶、壶、罐和注子等。

【31】

**隋代　青釉四系罐**

高 16.6 厘米　口径 7.7 厘米

敞口圆唇，短颈，鼓腹，肩颈部有对称的四系，青釉罐上半部施青釉，下半部分未施釉。

【32】

**南北朝　越窑青釉四系罐**

高 8.4 厘米　口径 8.4 厘米

敞口圆唇，短颈，鼓腹，肩颈部有对称的四系，通体施青釉。上腹部有几条环状横纹，底部略有残。

越窑瓷器产地主要在今浙江省上虞、余姚、慈溪、宁波等地。生产年代始于东汉终于宋代。越窑是中国古代南方著名的青瓷窑，与邢窑并称"南青北白"，故青瓷也被称为"秘色瓷"，越窑青瓷，以胎质细腻、造型典雅、青釉莹莹、质如碧玉而著称于世。这种如冰似玉的美丽釉色，深受诗人的赞赏和喜爱。有不少诗人都描述和歌咏过种美丽，如顾况、孟郊、陆龟蒙、徐夤、施肩吾、郑谷等。

【33】

**东晋　越窑青釉四系罐**

高 13 厘米　口径 8.2 厘米

敞口圆唇，短颈，鼓腹，肩颈部有对称的四系，罐身上半部施青釉，下半部分未施釉。口径处有裂纹，罐身部分釉色脱落。

【34】

**唐代　青釉盘口执壶**

高 16.2 厘米　口径 7.7 厘米

敞口圆唇，束颈，鼓腹，肩颈处有前后对称两系，有一短流口与一曲柄。口沿处作盘口形，通身无花纹，上半部分上青釉，上釉不均，下半部未上釉，可见胎体，底部可见修复后裂纹。

【35】

### 元代　钧窑碗
高 7 厘米　口径 15.2 厘米

碗敞口，弧壁，深腹，圈足，碗身上半部上釉，下半部未上釉，口沿呈褐色，碗内壁为渐变的湖蓝色，有一块渐变深蓝色。

钧窑遗址在今河南省禹县境内，属北方青瓷系统，釉色以青蓝为基调，因釉料中含氧化铜，烧成的瓷器可于青蓝中呈现紫红色，人们称其为"窑变"。钧窑的另一特点是烧制的瓷器釉面往往有"蚯蚓走泥"纹，这是因为在烧制过程中釉层发生干裂，低粘度釉在高温作用下流入裂口，形成这种特有的纹路。

【36】

### 南宋　影青划花水波纹碗
高 5.5 厘米　口径 8.5 厘米

碗口外撇，弧壁，深腹，平底。口沿处未上釉，留有与定窑类似的"芒口"，碗内壁有类似裂纹的花纹，碗底有水波纹划花纹。

影青瓷与定窑瓷器类似，也属于白瓷的一种，在宋代，它就是景德镇瓷器的主要产品，它的特点是瓷质极薄，釉似白而青，暗雕花纹，内外都可以映见，故有人叫它为影青、隐青或者叫它罩青。《竹园陶说》载："近来出土之器甚多，有一种碗碟，质薄而色白，微以定，市肆人呼为影青，以其釉色微带青色也。"据研究，影青是釉料中含有少量铁分经过原焰烧成而呈现的色调。

| 文物修复与保护 |

【37】

金-元　定窑白釉圈足碗
高 4.4 厘米　口径 14.7 厘米
碗敞口，弧壁，深腹，圈足。通体施白釉，碗底有玉璧形圆圈纹。口沿处有微残。

【38】

金-元　定窑白釉圈足碗
高 4 厘米　口径 13 厘米
碗敞口，弧壁，深腹，圈足。通体施白釉，碗底有玉璧形圆圈纹，器形完整。

第七章　陶瓷标本展示

【39】

**清代　磁州窑白釉黑彩象鼻足炉**
高 17.8 厘米　口径 12.5 厘米
敞口，束颈，鼓腹，有象鼻形三足。口沿外壁有带状纹饰，器型通身施白釉，以黑彩绘画，在肩颈部作象耳，足部作象足，器型造型活泼，模仿大象的器型。

【40】

**清代　磁州窑白釉黑彩葫芦形象鼻柄扁壶**
高 21.5 厘米　口径 3.5 厘米
敞口，短颈，高圈足，壶身略扁呈葫芦形，流口作象鼻形，曲柄有兽首形。器型通身为一仿象形，白釉为底，以黑彩绘制，壶身侧面靠近曲柄处有凸出的花卉纹，曲柄下方有祥云纹，壶身正面有凸起花卉纹样，壶底饰以黑彩。
壶身有明显修复后裂纹痕迹。

175

【41】

**元代　白釉黑彩花卉纹罐**

敞口圆唇，粗颈丰肩，鼓腹，平底。胎体厚重，通身施釉，白釉为底，黑彩绘纹饰，颈部有波浪形纹饰，肩部有花卉纹样，以带状横纹分隔，下腹部没有纹饰。口沿处有微残。

【42】

**战－汉　灰陶盒**

高 10.5 厘米　口径 17 厘米

泥质灰陶。微敛口，鼓腹，浅圈足，有盖。通体污迹较严重，黑彩绘制纹饰，盖上有中心对称卷云纹，盒身有环带状横纹。

176

【43】

**明代　白釉黑彩变形凤纹罐**

高 19.5 厘米　口径 10 厘米

罐直口，短颈，丰肩，圆腹下敛；通体施白色化妆土，上绘黑彩纹饰，肩上饰波浪和带状横纹，腹部有带状变形凤鸟纹，下腹部有带状和波浪形纹饰，底部饰黑彩。

罐身和底部有微残。

【44】

**战 – 汉　灰陶盒**

高 14 厘米　口径 19.8 厘米

泥质灰陶。微敛口，鼓腹，浅圈足，有盖。红彩绘制纹饰，盖上有中心对称卷云纹，盒身有环带状波浪纹。通体污迹较严重，彩绘脱落严重。

【45】

**唐 邢窑黑釉三足炉**

高 14.2 厘米　口径 15.8 厘米

撇口圆唇，粗肩短颈，鼓腹，有三足。通体施黑釉，釉色不均匀，呈深褐色。此器型仿自青铜器鬲，所以也被称为"鬲式炉"。

【46】

**战－汉 灰陶罐**

高 20 厘米　口径 9 厘米

泥质灰陶，撇口，粗颈宽肩，鼓腹，平底，有盖。器型残损严重，罐身有少量红色纹饰。

【47】

**北朝　青釉罐**

高 11 厘米　口径 5.8 厘米

口唇外折，小口，短颈宽肩，鼓腹，多为盛器或水器。通体施青釉，无装饰，口沿处有残损。

【48】

**汉代　"无极长生"瓦当**

直径 17.5 厘米

瓦当残缺，瓦面中有凸起的圆芯，以圆芯为中心划成 4 个扇形格，每格中有一字，为"无极长生"。

瓦当出现于西周，秦汉时已普遍使用。瓦当是指筒瓦顶端下垂的部分，可蔽护房檐，防雨水浸蚀，延长建筑物的寿命；同时也有装饰作用。

汉代瓦当多装饰卷云纹，一般用十字形双线栏格把瓦面分为四部分，文字书体以篆书为主，隶书较少，也有鸟虫篆。

179

【49】

**宋代　建窑黑釉兔毫盏**

高 12.2 厘米　口径 5 厘米

敞口，斜壁，圈足。底无釉，露出黑褐色坚质胎。盏内外壁施以黑釉，釉面析出棕褐色兔毫斑纹。

建窑以产黑瓷而著称，唐代始创烧，到了宋代尤其是南宋为极盛时期，至清代而终。建窑原是江南地区的民窑，宋人崇尚斗茶，以茶汤面上浮起的白沫多且持久者为胜。用黑盏来盛茶，便于观察白沫的状况，因此黑釉茶盏大受欢迎，特色鲜明的建窑兔毫盏应运而生。

建窑的黑釉属于结晶釉的范畴，含铁量高达 8% 以上，在 1300 多度的高温熔烧过程中，窑温的变化，使釉面产生奇特的花纹，有"兔毫"、"油滴"和"曜变"及"鹧鸪斑"等有名的品种。

【50】

**隋代　邢窑黄釉高足盘**

高 5.8 厘米　口径 14.2 厘米

敞口，浅盘式腹，高足，托盘形底，通体施青釉，无纹饰，底有残。

器型与早期陶豆相似，应为盛放食物的食器。

【51】

**金代　井陉窑白釉碗**

高 4.3 厘米　口径 13.6 厘米

碗撇口，弧壁，深腹，圈足，碗施青釉，通身无纹饰，口沿处有残。

【52】

**清代　豆青青花山水人物纹瓶**

高 34.7 厘米　底径 15.5 厘米

瓶小口，短颈，丰肩，敛腹，圈足。颈部呈铃式，通体施豆青釉，颈部和腹部有青花纹饰。颈部下方饰青花带状雷纹和卷云纹，腹部饰山水人物纹，下部饰带状雷纹，瓶腹部可见房屋，山石树木，小桥流水，农人耕种其间，一派田园风光。

口径处有残，锯口。

【53】

**清代康熙　青花海水麒麟纹凤尾尊**
高 26.3 厘米　底径 15.6 厘米

短颈，溜肩，敛腹修长，至足外撇，颈部残，锯口。通身海水青花麒麟凤尾纹饰，腹部海水云龙纹，麒麟双目圆睁，身蟠曲成弓字形，腾跃于汹涌翻滚的海面上，表现出翻江倒海、叱咤风云之势，尽显霸气。尊底部饰有带状凤尾纹饰。

【54】

**清代康熙　青花人物凤尾尊**
高 26 厘米　底径 15.5 厘米

短颈，溜肩，敛腹修长，至足外撇，颈部残，锯口。通身青花人物凤尾纹饰，腹部可见迎宾客拜谒画面，一男子垂手向端坐的男子行礼，一男子端坐，身后有一童子，还可见山石树木和云纹，画面云雾缭绕，似天上仙境，意境深邃，人物描绘惟妙惟肖，生动传神。

【55】

**清代　豆青青花对蝶纹罐**
高 23 厘米　口径 9.8 厘米
罐直口，短颈，圆肩，鼓腹，平底。罐口未上釉，罐身通体为豆青色釉，腹部饰青花纹样，纹样以对称花卉纹，中央为对蝶纹样为主，纹饰简洁大方，青花色泽浓重深沉、大方、纹饰布局错落有致。

【56】

**清代顺治　青花麒麟芭蕉纹花觚**
底径 10.5 厘米
仿商周青铜觚造型，撇口，长颈，平底。通体饰青花纹饰，外壁上半部饰麒麟纹，中部饰连枝花纹，足部饰芭蕉纹。青花色泽浓艳，白胎砂底。瓷觚始见于宋，元、明、清各朝均有烧制。

【57】

**宋代　白釉执壶**
高 19.6 厘米　口径 10.1 厘米
敞口，细长颈，丰肩，折沿腹，圈足，长流，曲柄。通体施白釉，无纹饰。胎体轻薄，釉面温润，釉质如玉，釉色青白淡雅。

【58】

**清代　釉里三色瑞兽山水纹花觚**
高 24 厘米　底径 15.8 厘米
口残，锯口，仿商周青铜觚造型，长颈，平底，腹部有折棱。通体饰青花纹饰，根据现存纹饰推测觚身纹饰应分为三段，中部为瑞兽天马纹样，下部为山水纹样，山水纹可见房屋、山石树木、河流等田园风光。

【59】

**清代　豆青青花"鹤鹿同春"纹花觚**
底径 14.6 厘米

撇口，长颈，溜肩，敛腹，底部外撇，平底。通体施豆青色釉，花觚除口颈部分，通体有似哥窑网状开片，或重叠犹如冰裂纹，或成细密小开片，其上用青花绘"鹤鹿同春"纹和树纹，青花色泽浓淡相宜，层次分明，动物形神俱佳，栩栩如生。

鹤鹿同春是中国传统寓意纹祥之一，中国民间运用谐音的手法，以"鹿"取"陆"之音；"鹤"取"合"之音。六合同春便是天下皆春，万物欣欣向荣之意。

【60】

**清代　粉彩凤凰牡丹纹花觚**
底径 15.5 厘米

撇口，长颈，溜肩，敛腹，底部外撇，平底。通体施粉彩，纹饰为凤凰牡丹纹，颈部为牡丹纹饰，腹部为牡丹和对称凤凰纹饰，凤凰高冠尖喙，喙衔一环，长目曲颈，双翅展开，身上的羽毛曲卷如云。

粉彩为釉上彩，又名软彩，始于康熙年间（公元 1662～1722 年），盛于雍正年间（公元 1723～1735 年）。它是由五彩发展而来，其特点是改变了五彩单线平涂的绘法，有的画面施以玻璃白粉，再绘以各种彩料，色彩绚烂。

【61】

**清代　粉彩稚鸡牡丹纹双狮耳瓶**

高 44.5 厘米　口径 17 厘米

敞口圆唇，长颈，丰肩，鼓腹，圈足，颈的两侧有一对相对称的兽耳，兽耳呈对称狮子形状。通身施粉彩，纹样复杂绚烂，口沿饰花鸟纹，莲花纹，云纹，颈部饰花鸟纹，回纹，网格文，腹部饰稚鸡纹，牡丹纹，蕉叶纹等，造型新颖别致，纹饰缜密，绘制精湛，施彩艳丽。

【62】

**清代　"大清光绪年制"款茶叶末釉天球瓶**

高 24.4 厘米　底径 15.2 厘米

小口，细颈，鼓腹，高足，口残，锯口。瓶身通体施黄绿色茶叶末釉，无纹饰。

茶叶末釉是我国古代铁结晶釉中重要的品种之一，属高温黄釉，经高温还原焰烧成，始烧于唐代，因清代景德镇仿烧十分成功，一跃成为名贵的色釉品种。从传世实物看，以雍正和乾隆时期产品为多见，雍正茶叶末釉偏黄的居多，乾隆茶叶末釉则偏绿的居多，常见的产品有执壶、缸、钵瓶、罐、盏等。

# 后　　记

　　本书是在几位编者日常教学中的教案及研究基础上修改完成的，书中大量插图为我院文物修复与保护专业学生课堂中授课实景拍摄而成，所以这本书也是对我院文物专业自开办以来的一个总结。

　　在这本书完成之际，要特别感谢我院督导专家刘飞，在本书的编著过程中提出了非常多中肯的建议，并全程协助本书的出版工作。刘飞先生作为古籍方面的专家，为本书古籍常识部分提供了很多珍贵的材料，并做了大量考据工作。此外，也特别感谢高慧云老师，高老师在古籍修复史部分做了大量的前期准备工作，书中古籍修复实务部分插图多为高老师授课实景拍摄，拍摄者为梁雨童，在此一并向两位表示感谢。在后期陶瓷简史部分校正工作中，要特别感谢我院外聘教师杨杰，为我们修正了部分陶瓷藏品的年代问题。

　　正如刘飞先生在序言中所说，让文物传承下去，不仅仅躺在博物馆的箱柜里，而是要把它们请出来，加以深入和广泛的展示，并用传统手法修复它们，使之换发崭新风采，这是我们编著这本书籍的初心，我们也是为了这个目标努力着，但是由于时间和能力所限，在这本书中难免会有疏漏之处，这也在不断提醒着我们，要不断加强对文物复杂性的认识，丰富自己的学识。

　　最后，再次感谢为本书编著辛勤工作的几位老师，以及出版社的编辑朋友，感谢提供资料及修改意见的同仁，再次致谢！

编者<br>
2021 年 5 月 13 日